INTERPRETACIÓN ECONÓMICA DE LA HISTORIA

ExLibric

INTERPRETACIÓN ECONÓMICA DE LA HISTORIA

POR
EDWIN ROBERT ANDERSON SELIGMAN

McVickar Profesor de Economía Política
Universidad de Columbia, Nueva York

The Columbia University Press
1907

EXLIBRIC
ANTEQUERA 2024

INTERPRETACIÓN ECONÓMICA DE LA HISTORIA
© Rubén Vasco Martínez
Correo electrónico: rubenvascomartínez@gmail.com
Diseño de portada: Dpto. de Diseño Gráfico Exlibric

Iª edición

© ExLibric, 2024.

Editado por: ExLibric
c/ Cueva de Viera, 2, Local 3
Centro Negocios CADI
29200 Antequera (Málaga)
Teléfono: 952 70 60 04
Fax: 952 84 55 03
Correo electrónico: exlibric@exlibric.com
Internet: www.exlibric.com

ISBN: 978-84-10297-12-8
Depósito Legal: MA 1931-2024

Impresión: PODiPrint
Impreso en Andalucía – España

Nota de la editorial: ExLibric pertenece a Innovación y Cualificación S. L.

RUBÉN VASCO MARTÍNEZ

INTERPRETACIÓN ECONÓMICA
DE LA HISTORIA

(EDWIN ROBERT ANDERSON SELIGMAN, 1907)

*A uno de mis grandes maestros
en esos lejanos primeros años
de la escuela de primaria*

José Alirio Villada Suaza

*Ya puede estar seguro: sus enseñanzas sí
fueron semilla sembrada en suelo fértil.*

Gratitud por siempre,

*Rubén Vasco Martínez
Traductor*

Tabla de contenido

Nota preliminar

El presente trabajo consiste en esencia en una reproducción, con algunas modificaciones, adiciones y reordenamientos, de los artículos aparecidos en los volúmenes XVI y XVII de la revista *Ciencia Política (Political Science Quarterly)*, que se publica cada trimestre.

Es de anotar que las solicitudes de reimpresiones fueron tan numerosas que parecía más conveniente satisfacer la demanda dando a los ensayos una forma más permanente. Se espera que el tratamiento del tema en las siguientes páginas pueda conducir a una discusión más completa sobre un aspecto tan importante, que merece la atención por parte de economistas, historiadores y filósofos por igual.

Edwin Robert Anderson Seligman
Universidad de Columbia
Nueva York, mayo de 1902

Prólogo del traductor

La evolución del hombre sobre la faz de la tierra y sus correspondientes formas de organización social, pasando desde el clan primitivo hasta el Estado moderno, se atribuye a múltiples causas, dependiendo de la ciencia, la disciplina o el enfoque que asuma el analista de turno; es decir, que se han tenido tantas explicaciones como parcelas del conocimiento humano sirvan como atalaya de la realidad humana: la religión, la filosofía, el medio ambiente, la jurisprudencia, el derecho público, la economía, la antropología, la política exterior, entre otras.

En suma, se puede hablar de la interpretación antropológica de la historia, de la interpretación teológica de la historia o de la interpretación política de la historia y, posiblemente, de otras visiones idealistas de la evolución del hombre en la sociedad hasta llegar a la actualidad.

Sin embargo, los estudiosos de la historia y del devenir del hombre sobre la faz de la tierra dieron una mirada a las condiciones físicas en las que se desenvuelve el ser humano para plantear como tesis fundamental que *«la existencia del hombre depende de su capacidad para sostenerse a sí mismo; la vida económica es, por tanto, la condición fundamental de toda vida»* y, por lo tanto, que la vida del ser humano está condicionada por la economía, puesto que la tarea del hombre en sociedad consiste, principalmente, en buscar cómo encontrar su sustento día tras día.

Por ello el autor de la obra, en el capítulo II de la parte I, nos muestra los antecedentes filosóficos de la *teoría de la interpretación económica de la historia* con pensadores como Buckle y luego Marx, quien estaba influenciado positivamente por la filosofía hegeliana. Luego, en el capítulo III, en esencia, según Marx, se plantea que *la vida social en un momento dado es el resultado de una evolución económica.*

Más adelante, en el capítulo IV, como algo realmente conveniente, Edwin Robert Anderson Seligman, como autor de la obra, aclara que *«las doctrinas específicamente socialistas del trabajo y la plusvalía en lo esencial **no tienen nada que ver** con la interpretación económica de la historia».* Seguidamente, en el capítulo V, se hace la precisión de que la interpretación económica de la historia *«no significa que las relaciones económicas ejerzan una influencia exclusiva, sino que ejercen una influencia preponderante en la configuración del progreso de la sociedad».*

Seguidamente, en el capítulo VI, dado que el creador de la teoría de la interpretación económica de la historia se ocupó principalmente de la transición de la sociedad feudal a la sociedad industrial, se *invita* a los autores más destacados sobre las primeras etapas de la humanidad, desde la formación de clanes, la división del trabajo y la separación de las actividades de pastoreo, agricultura e industria familiar, pasando por el Imperio romano hasta conectar con las sociedades más avanzadas y llegar a la Revolución industrial. Todo ello para demostrar la preeminencia del análisis económico en la evolución de las sociedades y la formación de los Estados modernos; eso sí, sin desconocer otros factores: religiosos, políticos, ambientales e incluso de la capacidad del hombre para aplicar el conocimiento a los desarrollos tecnológicos, lo cual es en sí mismo una aplicación del desarrollo económico de la sociedad.

En la parte II, capítulo I, el autor aborda el estudio de las principales críticas a la teoría que nos ocupa, demoliendo cada una de ellas con maestría en los argumentos y con buen sustento empírico y científico. Ahora, en el capítulo II, el autor diferencia el análisis histórico del socialismo para afirmar: «*El socialismo es una teoría de lo que debería ser; el materialismo histórico es una teoría de lo que ha sido. Una es **teleológica*** (debió precisar incluso que es **deontológica**), *la otra es **descriptiva**. El uno es un ideal **especulativo**, el otro es un **canon de interpretación***» (resaltado fuera de texto). Por lo tanto, en lo único que coinciden ambas teorías es en su creador, Karl Marx, quien fue gran filósofo y gran economista, pero quien también fue el artífice de una teoría socialista que con el tiempo demostraría ser utópica (Marx no vivió para conocer su error, que precisamente ya avizoraban diversos autores en la época en que se escribió la obra original, esto es, en 1907, mucho antes de la Revolución de octubre de 1917). En otras palabras, la supuesta falacia de las teorías socialistas no invalida la importancia de esta teoría que le da relevancia al aspecto económico.

En los capítulos III a VI de la parte II se evidencia que la interpretación económica de la historia no es materialista y que está en armonía con las fuerzas éticas y espirituales de la humanidad; también se advierte sobre las exageraciones de la teoría, por lo cual el lector deberá percatarse de la infortunada denominación de *materialismo histórico* con la que se pretende descalificar las bondades de la interpretación económica de la historia, que, por supuesto, tiene en cuenta el espíritu humano en su propia evolución, en especial de sus facultades mentales, porque, tal como afirma Seligman en la obra, *«los hilos de la vida humana son múltiples y complejos»,* lo que no desvirtúa la esencia de la economía como algo preeminente en su evolución.

Rubén Vasco Martínez
1 de marzo de 2024

Introducción

Exposición de la tesis

Para el estudiante de ciencias sociales es interesante observar el proceso por el cual, al menos en un aspecto, volvemos a la situación de épocas pasadas. Aunque Aristóteles señaló la interrelación esencial entre política, ética y economía, el pensamiento moderno ha reivindicado con éxito las pretensiones de estas disciplinas, así como de otras, como la jurisprudencia y las diversas divisiones del derecho público, de ser consideradas ciencias separadas. No obstante, durante mucho tiempo, en perjuicio común de todos, se destacó y exageró tanto la independencia de cada una que se generó el grave peligro de olvidar que no son más que partes constitutivas de un todo mayor. La tendencia del pensamiento más reciente ha sido acentuar las relaciones más que las diferencias y proceder a explicar las instituciones sociales que forman las bases de las diferentes ciencias a la luz de una síntesis más que de un análisis. Este método ha sido aplicado al registro de lo acontecido en el pasado, así como a los hechos del presente; la concepción de la historia se ha ampliado hasta el punto de que ahora se reconoce bien que la historia política es sólo una fase de esa actividad más amplia que incluye todos los fenómenos de la vida social. Si el término *política* se utiliza en el sentido común, pero restringido de las relaciones constitucionales y diplomáticas, entonces debemos repetir el conocido dicho de que *«la historia está más allá de la política»*, es decir, una verdad a medias, con un lamentable menosprecio por estas ideas más nuevas.

Sin embargo, aunque ahora se admite que la historia de la humanidad es la historia del hombre en sociedad y, por tanto, la historia social en su sentido más amplio, entonces surge la cuestión de las causas fundamentales de este desarrollo social: la razón de estos grandes cambios en el pensamiento y la vida de los seres humanos que forman las condiciones del progreso. Ninguna cuestión más profunda y de mayor alcance puede ocupar nuestra atención, porque de la respuesta correcta depende toda nuestra actitud hacia la vida misma. Es el problema supremo no sólo para el científico, sino también para el hombre práctico.

De este problema se ha ofrecido una solución que durante las últimas décadas ha atraído la viva atención de pensadores no sólo en Alemania, donde se originó la teoría, sino también en Italia, Rusia y, hasta cierto punto, en Inglaterra y Francia.

Los ecos de la controversia apenas han llegado a nuestras costas, pero un movimiento de pensamiento tan audaz y tan profundo no puede dejar de extenderse hasta los límites más extremos del pensamiento científico y suscitar una discusión adecuada a la naturaleza del problema y al carácter de la solución.

Podemos exponer la tesis sucintamente como sigue: la existencia del hombre depende de su capacidad para sostenerse a sí mismo; la vida económica es, por tanto, la condición fundamental de toda vida. Pero como la vida humana es la vida del hombre en sociedad, la existencia individual se mueve dentro del marco de la estructura social y resulta modificada por ella. Lo que son las condiciones de sostenimiento para el individuo, entonces similares relaciones de producción y de consumo lo son para la comunidad. Por lo tanto, a las causas económicas hay que atribuirles en última instancia *«aquellas transformaciones en la estructura de la sociedad que condicionan las relaciones de las clases sociales y las diversas manifestaciones de la vida social»*. Esta doctrina a menudo se llama *materialismo histórico* o *interpretación materialista de la historia*. No obstante, estos términos carecen de precisión. Si por materialismo se entiende el hecho de descubrir todos los cambios debidos a causas materiales, el análisis biológico en la historia también es materialista. Una vez más, la teoría que atribuye todos los cambios en la sociedad a la influencia del clima o al carácter de la fauna y la flora es materialista y, sin embargo, tiene poco en común con la doctrina aquí discutida. La doctrina con la que tenemos que lidiar no sólo es de carácter materialista, sino también económico, y la mejor frase no es la *interpretación materialista*, sino la *interpretación económica* de la historia. En Francia se ha puesto de moda llamar a la teoría *determinismo económico*, pero esto es aún más objetable porque plantea la cuestión de si hay algo realmente *«determinista»* o *«fatalista»* en la doctrina. Este punto será discutido en profundidad más adelante.[1]

En las páginas siguientes se intentará explicar la génesis y el desarrollo de la doctrina, estudiar algunas de las aplicaciones

---

[1] Véase la parte II, capítulo 1.

hechas por algunos pensadores relativamente recientes, examinar las objeciones que pueden plantearse y, finalmente, estimar la verdadera importancia y el valor de la teoría para la ciencia moderna.

PARTE I

HISTORIA DE LA TEORÍA DE LA INTERPRETACIÓN ECONÓMICA

Capítulo I

La primera filosofía de la historia

Pocos de los principales escritores del siglo XVIII o de la primera mitad del XIX dedicaron alguna atención al problema de la causalidad histórica. La mayoría de los historiadores se conformaban con describir los hechos de la historia política y diplomática; y, cuando buscaban algo más que la explicación obvia de los hechos, generalmente recurrían a la teoría del *«gran hombre»* o a la vaga doctrina del *«genio de la época»*. Incluso el *Néstor* de los escritos históricos modernos, *Ranke,* intentó poco más que desenredar la maraña de complicaciones internacionales mostrando la influencia de la política exterior sobre el crecimiento nacional.

Mientras que la mayoría de los historiadores mostraban evidencia de un ligero equipamiento filosófico, por su parte, los filósofos presentaban una *«filosofía de la historia»* que a veces reflejaba apenas cierta familiaridad con la historia. Se menciona que *Rousseau* no era un profundo estudioso de la historia, por decirlo de manera suave. Otros, como *Lessing* en su obra *Education of Humanity (Educación de la humanidad)*[2] y *Herder*

---

[2]   *Die Ersichung des Menschengeschlechts (El descubrimiento de la raza humana).*

en *Ideas on the Philosophy of history* (*Ideas sobre la hilosofía de la historia*)[3], estaban muy dominados bajo la concepción teísta como para dar mucho impulso a un nuevo movimiento de pensamiento, aunque *Herder* en Alemania, como *Ferguson*[4] en Escocia, pueden considerarse en algunos aspectos precursores de las investigaciones antropológicas modernas. *Huxley,* así como muchos de los escritores alemanes[5], ha señalado que *Kant,* en su obra *Idea of a Universal history* (*Idea de una historia universal*)[6], anticipó algunas de las doctrinas modernas sobre la evolución de la sociedad; pero ni siquiera *Kant* estaba lo suficientemente emancipado de la teología de la época como para adoptar una visión estrictamente científica del tema.

Con la obra *Philosophy of History* (*Filosofía de la historia*), de *Hegel,* alcanzamos el punto culminante de la interpretación «idealista», pero la concepción hegeliana en la obra *Spirit of History* (*Espíritu de la historia*) se ha mostrado a la vez demasiado sutil e insulsa para tener una aceptación general.

Un segundo intento, aunque menos completo, de interpretar el crecimiento histórico en términos de pensamiento y sentimiento fue el de quienes sostenían que la religión constituía la nota clave del progreso. Es indudable que cada una de las cinco (5) grandes religiones ha ejercido una profunda

---

[3]   *Ideen sur Philosophie der Geschichte der Menschheit* (*Ideas sobre la filosofía de la historia humana*).

[4]   *Essay on the History of Civil Society* (*Ensayo sobre la historia de la sociedad civil*), 1767.

[5]   Woltmann, *Der Historische Materialismus* (*Materialismo histórico*), 1900, págs. 17 a 21.

[6]   *Idee zu einer Allgemeinen Geschichte in Weltbürgerlicher Absicht* (*Idea para una historia general con intención cosmopolita*), 1784.

influencia en el desarrollo humano: el judaísmo tipifica la idea del deber; el confucionismo, del orden; el mahometanismo, de la justicia; el budismo, de la paciencia; y el cristianismo, del amor. Pero, aparte del hecho de que esta explicación pasa por alto la posibilidad de considerar la religión como un producto más que como una causa, no se aclara la cuestión de por qué el mantenimiento de la misma religión es a menudo compatible con los cambios más radicales en el carácter y condición de sus devotos. La interpretación religiosa de la historia, incluso en la forma modificada de la teoría del *Sr. Benjamin Kidd,* ha encontrado pocos adeptos.

Una tercera explicación, que se remonta a *Aristóteles* y que ha gozado de cierta aceptación entre los editores, podría denominarse *interpretación política de la historia.* Sostiene, sustancialmente, que a lo largo de toda la historia puede discernirse un movimiento definido de la monarquía a la aristocracia, de la aristocracia a la democracia, y que hay un progreso constante del absolutismo a la libertad, tanto en sus ideas como en las instituciones propiamente dichas.

Muchos filósofos, incluido el propio *Aristóteles,* han señalado que la democracia puede conducir a la tiranía; pero la antropología moderna ha tendido a desacreditar la existencia del supuesto primer paso y se ha demostrado repetidamente que el cambio político no es un fenómeno primario, sino secundario, y que erigir en causa universal lo que en sí mismo es un resultado es *poner el carro delante del caballo.*

Con el fracaso de todos estos intentos de naturaleza más o menos idealista, se preparó el camino para una interpretación de la historia que miraría a las fuerzas físicas más que a las psíquicas. Dicho de otro modo, se trata de explicar cómo las fuerzas psíquicas, con las que se puede analizar todo movimiento social, están condicionadas por el entorno físico. El nombre con el que se asocia esta doctrina es el de *Buckle*.

La teoría de la influencia predominante del mundo exterior en los asuntos humanos se remonta a muchos escritores del siglo XVIII, de los cuales *Vico*[7] y *Montesquieu*[8] fácilmente son los más famosos.[9] El propio *Buckle* tenía una opinión muy amplia sobre los méritos de *Montesquieu*. En efecto, nos dice lo siguiente:[10]

> *Montesquieu sabía lo que ningún historiador antes que él había siquiera sospechado, que en la gran marcha de los asuntos humanos, las peculiaridades individuales no cuentan para nada (…). Efectuó una separación completa entre biografía e historia, y enseñó a los historiadores a reflexionar no sobre las peculiaridades del carácter*

---

[7] En su obra *Principii di una Scienza Nuova d'intorno alla Comune Natura delle Nazioni (Principios de una nueva ciencia en torno a la naturaleza común de las naciones)*, 1725. En cuanto a Vico, véase Huth, *Life Of Buckle (Vida de Buckle)*, I, págs. 233 y siguientes. Buckle dice de Vico: «Aunque su *Scienza Nuova* contiene las opiniones más profundas sobre la historia antigua, son destellos de la verdad más que una investigación sistemática de un período determinado».

[8] En su obra *Esprit des Lois (Espíritu de las leyes)*.

[9] En un amplio listado de escritores que de alguna manera influyeron en Buckle debería incluirse no sólo a Holbach, Helvetius y Cabanis, sino también, para el primer período, a Bodin con su teoría de los climas y, más atrás, incluso a Aristóteles.

[10] *History of civilization in England (Historia de la civilización en Inglaterra)*, 1857, parte II, cap. VI, págs. 316 y 317 (ed. de 1873).

individual, sino sobre el aspecto general de la sociedad en la que aparecían las peculiaridades.

Seguidamente afirmaba:

> *Montesquieu fue el primero que, en una investigación sobre las relaciones entre la condición social de un país y su jurisprudencia, recurrió al conocimiento físico para determinar cómo se modifica el carácter de una civilización dada por la acción del mundo exterior.*

No obstante lo que *Montesquieu* afirmó aforísticamente y sobre la base de la imperfecta ciencia física de la época, *Buckle* fue quien primero lo desarrolló de manera filosófica y con tanta riqueza de ilustraciones que con razón se le considera el verdadero creador de la doctrina.

En su célebre segundo capítulo, titulado «The influence of Phisical Laws» («Influencia de las leyes físicas»), *Buckle* analizó los efectos del clima, los alimentos y el suelo sobre el mejoramiento social, su base y la acumulación de riqueza. Es cierto que *Buckle,* como se nos ha reiterado últimamente[11], no pretende que toda la historia deba interpretarse a la luz de causas externas únicamente.

De hecho, este autor nos dice que en la sociedad primitiva la historia de la riqueza dependía enteramente del suelo y del clima, pero tiene cuidado al añadir que en un estado más avanzado de

---

[11] Robertson, *Buckle and his critics (Buckle y sus críticos)*, 1895.

la sociedad hay otras circunstancias que poseen una influencia igual[12] y, en ocasiones, superior. Incluso en un capítulo posterior sostiene lo siguiente:

> El avance de la civilización europea se caracteriza por una influencia decreciente de las leyes físicas y una influencia creciente de las leyes mentales.

Este autor concluye que si, como lo ha demostrado:

> La medida de la civilización es el triunfo de la mente sobre los agentes externos, resulta claro que, de las dos clases de leyes que regulan el progreso de la humanidad, la clase mental es más importante que la clase física.[13]

Al final de su análisis general llega incluso a sostener lo siguiente:

> Hemos encontrado razones para creer que el crecimiento de la civilización europea se debe únicamente al progreso del conocimiento, y que el progreso del conocimiento depende del número de verdades que el intelecto humano pueda comprender, y en qué medida se difunden.[14]

---

12 *History of civilization (Historia de la civilización)*, I, pág. 44.
13 *Ibidem*, págs. 156 y 157.
14 *History of civilization (Historia de la civilización)*, I, pág. 288.

Si bien está claro que *Buckle* no fue en modo alguno tan extremista como algunos de sus críticos quieren hacernos creer, no es menos probable que su nombre siga asociado con la doctrina del entorno físico.

Lo anterior porque, después de todo, fue él quien más enérgica y elocuentemente llamó la atención sobre la importancia de los factores físicos y la influencia que han ejercido en la formación del carácter nacional y la vida social. Desde su época se ha hecho mucho más, no sólo para estudiar, como lo hizo el propio *Buckle,* la influencia inmediata del clima y el suelo[15], sino también para explicar el campo afín sobre el efecto de la fauna y la flora en el desarrollo social.

El tema de la domesticación de animales, por ejemplo, y su profundo efecto sobre el progreso humano no sólo ha sido investigado por varios estudiosos recientes[16], sino que uno de los historiadores más brillantes y eruditos de los últimos tiempos lo ha convertido en la base misma de la explicación de la civilización americana primitiva.[17]

---

[15]   Uno de los representantes más conocidos, pero menos críticos, de esta escuela es Grant Allen, especialmente en su artículo «Nation Making» («Creación de naciones»), publicado en el *Gentleman's Magazine (Revista para Caballeros)* en 1873 y reimpreso en el *Popular Science Monthly (Revista Mensual de Ciencia Popular)* del mismo año.

[16]   Especialmente E. Hahn, *Die Hausthiere und ihre Beziehung zur Wirtschaft des Menschen (Los animales domésticos y su relación con la economía humana)*, 1896.

[17]   Payne, *History of the New World called América (Historia del nuevo mundo llamado América)*, especialmente el volumen 1, libro II. Todo esto, sin embargo, fue señalado sustancialmente por Morgan veinte (20) años antes en su obra *Ancient Society (Sociedad de la antigüedad)*, pág. 24. Para Morgan, véase el capítulo VI, *infra.*

Por su parte, otro investigador de origen ruso[18] ha demostrado en detalle la conexión entre los grandes ríos y el progreso de la humanidad, y todo el estudio moderno de la geografía económica no es más que una expansión de líneas más amplias de la misma idea.

Buckle, sin embargo, dedicó la mayor parte de su atención a la influencia de las fuerzas físicas en la producción y el suministro de alimentos. No obstante, se declara incapaz de afrontar las dificultades del problema de la distribución, que, confiesa, son de mayor importancia.

De hecho, cabe hacer una excepción en el caso de *«una etapa muy temprana de la sociedad»,* donde *Buckle* cree que puede demostrar que la distribución de la riqueza, al igual que su creación, se regía enteramente por leyes físicas.[19]

Su sugerente, aunque no muy exitoso, intento de probar este punto, que se basa en la aceptación del único error fundamental de los economistas clásicos, la *doctrina sobre los fondos de salarios,* solamente se menciona aquí.[20]

---

[18]   Metchnikotf, *La Civilization et less grandes fleuves historiques (La civilización y los grandes ríos en la historia).* Prefacio de Elisée Reclus. París, 1889.

[19]   *Civilization in England (Civilización en Inglaterra),* I, pág. 52

[20]   En pocas palabras, el argumento es el siguiente: los dos grandes constituyentes de los alimentos son el carbono y el oxígeno; cuanto más frío es el país, más carbono deben tener los alimentos. Por su parte, los alimentos nitrogenados son menos costosos que los carbonosos. Los salarios dependen de la cantidad de población; y la población, del suministro de alimentos; de ahí que los salarios en las regiones cálidas tiendan a ser bajos y en las regiones o países fríos tiendan a ser altos. Finalmente, los salarios y las ganancias varían en proporciones inversas; o, como lo expresa en otro lugar, si el alquiler y las tasas de interés son altos, los salarios son bajos. De ahí la gran diferenciación de clases rurales en los países cálidos.

Sin embargo, es importante destacar el hecho de que, con esta única excepción, *Buckle* no intenta arrojar luz alguna sobre la conexión entre el entorno físico y la distribución de la riqueza, pues la distribución, nos dice, depende *«de las circunstancias de gran complejidad, que no es necesario examinar aquí»*, y de las cuales, como añade en una nota, *«muchas aún se desconocen»*.[21]

---

[21] *Civilization in England (Civilización en Inglaterra)*, I, pág. 51. Es curioso observar que la única ley que el propio Buckle acepta, «la gran ley de la relación entre el costo del trabajo y los beneficios de las acciones», es precisamente la que, en su forma original, ha sido desacreditada por la investigación económica moderna. A pesar de este hecho, el Sr. Robertson es tan leal a su héroe que se refiere a él como «una de esas generalizaciones mediante las cuales Buckle realmente ilumina la historia». Robertson, *Buckle and his critics (Buckle y sus críticos)*, pág. 49.

Capítulo II

Antecedentes filosóficos de la teoría

La explicación que *Buckle* no acertó a brindar había sido propuesta más de una década antes por otro escritor que estaba destinado a hacerse mucho más famoso e influyente, *Karl Marx,* quien gozaba de algunas cualificaciones para la tarea que le fueron negadas a *Buckle.* De hecho, *Buckle* estaba muy al tanto de la literatura extranjera, también sobre historia y ciencias naturales, pero sus opiniones económicas coincidían casi por completo con las de la escuela inglesa predominante.

Esos principios de la escuela inglesa carecían por completo del punto de vista evolucionista, lo que impedía cualquier tratamiento histórico de la sociedad. *Karl Marx,* por otra parte, no sólo poseía el equipamiento filosófico y científico de un graduado universitario alemán, sino que se encontraba en oposición directa e incondicional a las enseñanzas de los economistas tradicionales.

Mientras que *Buckle* se contentaba con señalar cómo las fuerzas físicas afectaban la producción de riqueza, *Marx* se dedicaba a la tarea más amplia de mostrar cómo toda la estructura de la sociedad resultaba modificada por las relaciones de las clases sociales y cómo estas relaciones dependen en sí mismas de cambios económicos anteriores.

En *Buckle* fue principalmente el físico quien creó una cierta interpretación materialista de la historia; en Marx fue el socialismo quien propició una interpretación muy diferente y, de manera específica, una interpretación económica de la historia. Para comprender la génesis de la mencionada *interpretación económica de la historia* se hace necesario expresar algunas palabras sobre los antecedentes filosóficos de *Marx*.

Como la mayoría de los jóvenes alemanes de los años treinta (1830), *Karl Marx* creía firmemente en *Hegel*. La filosofía hegeliana, sin embargo, contenía en realidad dos partes separadas: el método dialéctico y el sistema. La concepción fundamental de la dialéctica hegeliana se basa en el proceso o desarrollo mediante la unión de opuestos, un método que avanza de noción en noción a través de la negación.

En toda lógica comenzamos con una verdad a medias, procedemos a su contrario, que es igualmente falso, y luego los combinamos en un tercero, lo que demuestra que son igualmente ciertos cuando se consideran constituyentes necesarios del todo.[22]

Hegel aplicó esta idea de proceso o desarrollo a su célebre afirmación: «*Todo lo que es real es razonable; todo lo que es razonable es real*». Interpretado de alguna manera, esto significaría fatalismo o conservadurismo optimista. Pero según *Hegel* todo lo que existe

---

[22] Bonar, *Philosophy and Political Economy (Filosofía y economía política)*, pág. 300; y Schwegler, *History of Philosophy (Historia de la filosofía)*. Traducido por Stirling. 5ª ed. (1875), pág. 324.

no es en modo alguno real. Sólo es real aquello que en el curso de su desarrollo se muestra necesario. Cuando ya no es necesario, pierde su realidad. Como señalaron algunos de sus seguidores, el Gobierno francés se había vuelto tan innecesario en 1789 que no él, sino la Revolución, era real. De ahí que la afirmación original se convierta en la contraria: todo lo real se vuelve con el tiempo irrazonable y, por tanto, desde el principio irreal; todo lo que es razonable en una idea está destinado a realizarse, aunque por el momento pueda resultar completamente irreal. Las afirmaciones originales de la razonabilidad de lo real y de la realidad de lo razonable se mezclan con la afirmación superior de que todo lo que existe está destinado algún día a dejar de existir.[23]

La importancia de este método dialéctico radica en la idea de proceso, en la comprensión del hecho de que las conclusiones del pensamiento y la acción humana no son definitivas. Traducido al lenguaje social y político, formó la base de las aspiraciones de los elementos liberales y progresistas de la comunidad. Por otra parte, el propio *Hegel* nunca sacó estas conclusiones radicales de su teoría porque, aunque en su lógica dejó claro que la verdad no es más que el proceso dialéctico mismo, planteó, como resultado de toda su filosofía, la concepción de la *«idea absoluta»*. No estamos llamados a penetrar en los misterios de esta idea absoluta; basta señalar que, aplicada al principal aspecto de la política social, resulta en un conservadurismo moderado.

---

[23] F. Engels, *Ludwig Feuerbach und der Ausgang der Klassischen Deutschen Philosophie* (*Ludwig Feuerbach y el resultado de la filosofía clásica alemana*), 1888. 2ª ed. (1895), pág. 3.

Es en el Estado alemán existente entonces donde, según *Hegel*, universalidad e individualidad, derecho y libertad —el estadio más elevado del espíritu universal— encuentran su reconciliación.

Al principio no se percibió el antagonismo entre el sistema dialéctico y el sistema absoluto de *Hegel*. Así como tanto los individualistas como los socialistas de hoy afirman que *Adam Smith* es la fuente de sus doctrinas, durante un tiempo tanto los radicales como los conservadores en Alemania recordaban a *Hegel*. Hacia finales de los años treinta (1830) el cisma se hizo evidente. Los jóvenes hegelianos habían jurado por el método dialéctico, pero terminaron en el radicalismo; los seguidores ortodoxos se mantuvieron fieles a la *«idea absoluta»* y se volvieron reaccionarios. Al principio, sin embargo, la política era un campo peligroso en el cual entrar y la discusión giró en torno a la religión. Como el catolicismo o el protestantismo evangélico constituían la religión oficial en cada uno de los estados alemanes, el ataque a la religión tenía un carácter indirectamente político y, en efecto, fue reconocido como tal.

Strauss había puesto la pelota en juego en 1835 con su obra *Life of Jesus (Vida de Jesús)*. Su afirmación del carácter mítico de los relatos evangelistas provocó una famosa disputa con *Bruno Bauer*, quien fue un paso más allá y sostuvo que ni siquiera eran mitos, sino puras mentiras. En esta reacción contra los fundamentos de la religión estatal, los jóvenes hegelianos prácticamente se vieron obligados a regresar al materialismo filosófico de Inglaterra y Francia en el siglo XVIII. Pero ahora reconocían el antagonismo entre sus nuevos puntos de vista y la doctrina de *Hegel*. Mientras que los materialistas filosóficos habían postulado la naturaleza como la única realidad, *Hegel* consideraba la idea absoluta —es decir, el intelecto y su proceso lógico— como la concepción fundamental, y la naturaleza sólo como el derivado o el reflejo de la idea absoluta.

La incertidumbre continuó hasta principios de los años cuarenta (1840), cuando *Feuerbach* publicó su obra *Essence of Cristianity (Esencia del cristianismo)*[24], en la que buscaba demoler la base idealista o trascendental de toda teología. En esta obra, *Feuerbach* afirmaba que la naturaleza existe independientemente de la filosofía, que en realidad no existe nada más que la naturaleza y el hombre, y que nuestras concepciones religiosas son producto de nosotros mismos, que a la vez no somos más que un producto de la naturaleza. ¿Quién no ha oído hablar de la famosa frase de *Feuerbach*: «*Der Mensch ist was er isst*» («*El ser humano es lo que come*»)? *Feuerbach* mostró de inmediato a los jóvenes hegelianos que, por importante que hubiera sido la dialéctica hegeliana, la «*idea absoluta*» no era la base, sino el producto.

Feuerbach ejerció una profunda influencia en los pensadores de la época. Curiosamente, sin embargo, también dio origen, en el ámbito de la política social, a dos escuelas antagónicas. Aunque en su filosofía era materialista, o más bien «*naturalista*», había una tensión decididamente idealista en su doctrina ética. Para él, la religión es lo que implica la etimología de la palabra: lo realmente importante que une a los hombres. No es este el lugar para

---

[24] *Das Wesen des Christenthums (La esencia del cristianismo).*

hablar de su intento de erigir una religión idealista sobre una base naturalista[25], pero es importante señalar que su doctrina del amor como base de toda religión condujo al llamado socialismo *verdadero* o *filosófico* de los años cuarenta (1840) en Alemania.

Los primeros socialistas habían aceptado las opiniones de los reformadores franceses *St. Simon* y *Fourier*. Ahora afirmaban que todo lo que faltaba era aplicar el *humanismo* de *Feuerbach* a las relaciones sociales para proclamar la rápida regeneración de la humanidad. Los líderes de los socialistas *«filosóficos»*, *Karl Grün* y *Moses Hess*[26], dominaron durante un tiempo el movimiento social en Alemania.

Si bien el idealismo superpuesto de *Feuerbach* condujo al *«socialismo filosófico»* de los años cuarenta (1840), su naturalismo original y básico ayudó a producir en *Karl Marx* al fundador del *«socialismo científico»*. *Marx* fue educado en el hegelianismo y hasta el final de sus días le encantó coquetear con la dialéctica hegeliana. Se había convertido en un joven hegeliano y estaba profundamente influenciado por la aparición del libro de *Feuerbach*. Esto le hizo pensar, por lo que la idea materialista la aceptó como indiscutible, pero reconoció algunas de sus debilidades. El materialismo del siglo XVIII fue esencialmente mecánico y ahistórico. Este se había desarrollado antes de que la ciencia asumiera su apariencia moderna. El lema de la ciencia moderna es el de la evolución a través de la

---

[25]   Cf. Lange, *Geschichte des Materialismus (Historia del materialismo)*, vol. II, 3ª ed. (1877), págs. 73 a 81.

[26]   Para sus puntos de vista en detalle, véase George Adler, *Die Deschichte der ersten sozial-politischen Arbeiterbewegung in Deutschland (Historia del primer movimiento obrero sociopolítico en Alemania)*, págs. 83 a 85.

selección natural. Aunque esto aún no había sido proclamado ni siquiera por los científicos naturalistas, o al menos nadie lo había aplicado a las concepciones sociales, la idea estaba en el aire y, aunque al principio *Marx* no estaba especialmente versado en ciencias naturales, el naturalismo de *Feuerbach,* combinado con la concepción de proceso en la dialéctica de *Hegel,* lo llevó finalmente a la teoría de que todas las instituciones sociales son el resultado de un crecimiento, y las causas de este crecimiento no deben buscarse en ninguna idea, sino en las condiciones de la existencia material.

En otras palabras, las ideas anteriores lo llevaron a la *interpretación económica de la historia.* Luego rompió de inmediato con los socialistas filosóficos o sentimentales y dedicó todo su tiempo en adelante al estudio más profundo de las condiciones económicas.

Que el análisis de *Marx* de las condiciones económicas lo condujera al socialismo científico es una cuestión en sí misma que aquí no nos concierne, porque esa es una teoría económica basada en sus doctrinas de plusvalía y ganancias, que han estado atrayendo la atención de economistas de todo el mundo.

Necesitamos poner énfasis en la filosofía de *Marx* más que en su economía. Su filosofía, como ahora sabemos, sirvió de fundamento para su interpretación económica de la historia. Sucedió que él también se hizo socialista, pero su socialismo y su filosofía de la historia son, como veremos más adelante, realmente independientes. Uno puede ser un *materialista económico* y, sin embargo, seguir siendo un individualista extremo. El hecho de que la economía de *Karl Marx* pueda ser defectuosa no influye en la verdad o falsedad de su filosofía de la historia.

Capítulo III

Génesis y desarrollo de la teoría

Procedamos ahora a ilustrar el desarrollo de esta nueva doctrina a partir de los escritos del propio *Marx*. Para ello será aconsejable citarlos libremente, porque las obras anteriores de *Marx* son poco conocidas incluso en Alemania y casi todas son desconocidas fuera de Alemania.[27] Sin embargo, son de suma importancia para mostrar la génesis de una idea que ahora se constituye en uno de los asuntos más agitados no sólo de la discusión económica y social, sino también del análisis filosófico.

En sus primeros ensayos sólo vemos al reformador político radical. En 1842, siendo un joven de veinticuatro (24) años, fue llamado a la dirección de la publicación *Rheinische Zeitung (Revista de Renania)*, fundada en Colonia por algunos de los jóvenes hegelianos que pertenecían al partido radical. Mientras luchaba por reformas políticas, *Marx* enfocó su atención por primera vez

---

[27] Cuando se llevó este texto a la imprenta, se anunció la publicación, en tres (3) volúmenes, del ensayo más importante de Marx, escrito entre 1841 y 1850 bajo el título *Aus dem Literarischen Nachlass von Karl Marx, Fiedrick Engels und Ferdinand Lasalle (Del patrimonio literario de Karl Marx, Fiedrick Engels y Ferdinand Lasalle)*, editado por Frans Mehring; y *Gesammelte Schriften von Karl Marx und Friedrich Engels, 1841 bis 1850 (Escritos recopilados de Marx y Engels, 1841 a 1850)*, primer volumen, marzo de 1841 a marzo de 1844. Stuttgart, Dietz, 1901-1902.

hacia las cuestiones económicas y expresó su crítica severa frente a la escuela histórica de los jurisconsultos, porque consideraban que todas las instituciones jurídicas existentes eran un resultado sabio y necesario y, por tanto, producto de una larga evolución. A su conservadurismo optimista *Marx* opuso la idea hegeliana de la libertad.

Sin embargo, no fue hasta después de que el Gobierno suspendiera el diario *Rheinische Zeitung (Revista de Renania)* en 1843 que *Marx* se marchó a París[28] y se hizo socialista, influenciado en gran medida por *St. Simon* y *Proudhon,* y posiblemente por el célebre libro de *Lorenz Stein,* publicado justo un año antes, sobre el movimiento socialista y comunista en Francia.[29] En París, *Marx,* junto con otro líder de los jóvenes hegelianos, *Arnold Ruge,* comenzó en 1844 el *Deutsch Französische Jahrbücher (Anuario Francoalemán).* Aquí se percibe el comienzo de la oposición a los comunistas franceses, porque en el editorial introductorio se nos dice que lo que ha salvado a Alemania de *«las ideas metafísicas y fantásticas de Lamennais, Proudhon, St. Simon y Fourier»* ha sido la lógica hegeliana.[30] Sin embargo, *Marx* mostró la influencia de

---

[28] Mientras tanto, se publicó de forma anónima un fuerte artículo sobre la censura prusiana en *Anekdota zur Neuesten Deutschen Philosophie and Publicistik. Von Bruno Bauer, Ludwig Feuerbach, Friedrich Köppen, Karl Nauwerk, Arnold Ruge und einigen Ungenannten (Anécdotas sobre la reciente filosofía y las publicaciones alemanas. Por Bruno Bauer, Ludwig Feuerbach, Friedrich Köppen, Karl Nauwerk, Arnold Ruge y otras personas anónimas),* 1843. Uno de estos *«Ungenannten»* fue Karl Marx, quien escribió bajo el título de *«Renano».* El artículo se puede encontrar en el volumen I, págs. 56 a 88.

[29] No obstante, lo más probable es que Marx fuera convertido al socialismo exclusivamente por el influjo de los escritores franceses, quienes, a su vez, ejercieron una gran influencia sobre Stein. Cf. *Correspondencia de Arnold Ruge,* vol. I.

[30] *Deutsch Französische Jahrbücher (Anuario Francoalemán).* Editado por Arnold Ruge

Feuerbach al escribir un artículo criticando la obra *Philosophy of Law (Filosofía del derecho)*, de *Hegel*, en la que buscaba demostrar cómo la crítica teológica estaba siendo necesariamente reemplazada por la crítica política.

De hecho, *Marx* fue un paso más allá y enfatizó la necesidad de una revolución del cuarto poder: el proletariado. También estaba empezando a formular sus ideas sobre cuestiones económicas.

> *La relación de la industria y del mundo de la riqueza en general con el mundo político es el principal problema de los tiempos modernos.*[31]

En otro lugar nos dice que *«las revoluciones necesitan un elemento pasivo, una base material».*[32] En un ensayo posterior en el mismo periódico sobre la *cuestión judía (Jewish Question)*, en el que se opuso a las opiniones de *Bruno Bauer, Marx* afirma que *«debemos emanciparnos a nosotros mismos antes de poder emancipar*

---

y Karl Marx. Primera edición (1844), pág. 8. Cf. también «Uns Deutsche hat... von der Willlrlir und Phantastik das Hegelsche System befreit» («El sistema hegeliano nos liberó a los alemanes de la arbitrariedad y la fantasía»).

[31] «Das Verhältniss der Industrie, liberhaupt der Welt des Reichthums zu der politischen Welt ist ein Hauptproblem der modernen Zeit» («La relación de la industria, especialmente en un mundo de riqueza, frente al mundo político es un problema importante en los tiempos modernos»). *Ibidem,* pág.75.

[32] «Die Revolutionen bedtürfen nämlich eines passiven Elementes, einer materiellen Grundlage... Die Theorie wird in einem Volke immer nur so weit Verwircklicht seiner Bedürfnisse ist» («Las revoluciones requieren un elemento pasivo, una base material... La teoría sólo se realiza en un pueblo en la medida en que se satisfacen sus necesidades». *Deutsch Französische Jahrbücher (Anuario Francoalemán)*, pág. 80.

a otros».[33] Busca mostrar que la importancia de la Revolución francesa consistió en liberar no sólo las fuerzas políticas de la sociedad, sino también la base económica sobre la que descansaba la superestructura política.[34] El cambio político fue en cierto sentido idealista, pero marcó al mismo tiempo el materialismo de la sociedad.[35]

La edición doble del *Deustch-Französische Jahrbücher (Anuario Francoalemán)* fue la única que se publicó. *Ruge* y *Marx* no pudieron ponerse de acuerdo en su actitud hacia la cuestión del comunismo. No obstante, mientras estaba en París, *Marx* tomó mayor cercanía con su amigo de toda la vida *Frederick Engels,* a quien había conocido originalmente mientras ambos trabajaban en la redacción de *Rheinische Zeitung (Revista de Renania).*[36] Decidieron entonces escribir en común una obra contra *Bruno Bauer,* que representaba el sector más especulativo de los jóvenes hegelianos. Esta apareció en 1845 bajo el título *The Holy Family*

---

[33] *Ibidem,* pág. 184.

[34] «Die politische Emancipation ist zugleich die Auflösung der alten Gesellschaft, auf welcher das dem Volk entfremdete Staatswesen, die Herrscherinacht, ruht. Die politische Revolution ist die Revolution der bürgerlichen Gessellchaft» («La emancipación política es al mismo tiempo la disolución de la vieja sociedad, sobre la cual descansa el sistema político ajeno a su pueblo, la noche del gobernante. La revolución política es la revolución de la sociedad burguesa»). *Ibidem,* pág. 204.

[35] «Allein die Vollendung des Idealismus des Staats war zugleich die Vollendung des Materialismus der bügerlichen Gessellchaft» («La culminación misma del idealismo del Estado es al mismo tiempo la culminación del materialismo de la sociedad burguesa»). *Ibidem,* pág. 205.

[36] Una parte de la correspondencia de este primer período se conserva en «Aus den Briefen von Engels an Marx» («De las cartas de Engels a Marx»), en *Die Neue Zeit (El Nuevo Tiempo),* XIX (1901), II, págs. 55 y siguientes.

(La sagrada familia).[37] Esta obra, escrita casi en su totalidad por *Marx,* muestra la fuerte influencia de *Feuerbach.*[38]

No obstante, como en aquella época estaba más interesado en oponerse a las nociones trascendentales de los otros jóvenes hegelianos en general que en enfatizar las diferencias entre él y los socialistas *«sentimentales»,* no nos sorprenderá encontrarlo defendiendo a *Proudhon.*[39] Sin embargo, incluso aquí *Marx* muestra la naturaleza esencialmente mecánica del antiguo materialismo francés, y señala cómo el materialismo filosófico de *Helvetius* y *Holbach* condujo al socialismo de *Baboeuf* y *Fourier.*[40] Por cierto, *Marx* llama la atención sobre las bases económicas de la Revolución francesa y señala que el individuo de la Revolución francesa se diferenciaba del individuo de la antigüedad clásica porque sus relaciones económicas e industriales eran diferentes.[41] Finalmente, en otro pasaje se pregunta de manera rotunda:

---

[37] Friedrich Engels y Karl Marx, *Die Heilige Familie, oder Kritik der Kritischen Kritik. Gegen Bruno Bauer und Consorten (La sagrada familia o la crítica de la crítica crítica. Contra Bruno Bauer y compañía),* Fráncfort del Meno, 1845.

[38] Cf. la entusiasta descripción de Feuerbach en la pág. 139 y la actitud desdeñosa hacia Hegel en la pág. 126.

[39] «El panfleto de Proudhon *Qu'est-ce que la Propriété (¿Qué es la propiedad?)* tiene para la economía política moderna el mismo significado que el de Say [evidentemente, hay una errata de Sieyés] *Qu'est-ce que le tiers État die moderne Nationalõkomie».* *Ibidem,* pág. 36.

[40] Fourier parte directamente de las enseñanzas de los materialistas financieros. Los *babouvistas* eran materialistas toscos e incivilizados, pero el comunismo desarrollado también se deriva directamente del materialismo francés. *Op. cit.,* pág. 207 y las citas de las páginas 209 a 211. Como el espacio en este volumen es limitado, se menciona que una parte de ese capítulo fue reimpreso en *Die Neue Zeit (El Nuevo Tiempo),* III (1885), págs. 385 a 395.

[41] Al hablar de un cartel que contiene la *Declaración de Derechos,* Marx dice: «Este mismo cartel proclamaba el derecho de una persona que no puede ser la persona de

¿Creen estos señores que pueden entender la primera palabra de la historia, siempre que excluyan las relaciones del hombre con la naturaleza, las ciencias naturales y la industria? ¿Creen que realmente pueden comprender cualquier época sin captar la industria de la época, los métodos inmediatos de producción en la actualidad?

(…) Así como separan el alma del cuerpo y a ellos mismos del mundo, así separan la historia de las ciencias naturales y de la industria, así encuentran el lugar del nacimiento de la historia no en la producción material bruta de la tierra, sino en la formación de nubes brumosas del cielo.[42]

---

la antigua comunidad, así como las condiciones económicas y de trabajo nacionales son las antiguas». Pág. 192.

[42] «Oder glaubt die kritische Kritik in der Erkenntniss der geschichtlichen Wirklichkeit auch nur zum Anfang gekommen zu sein, so lange sie das theoretische und praktische Verhältniss des Menschen zur Natur, die Naturwissenschaft und die Industrie, aus der geschichtlichen Bewegung ausschliesst? Oder mdnt sie irgend eine Periode in der That schon erkannt zu haben, ohne z. B. die Industrie dieser Periode, die unmittelbare Produktionsweise des Lebens selbst, erkannt zu haben? (…) Wie sie das Denken von dem Sinnen, die Seele vom Leibe, sich selbst von der Welt trennt, so trennt sie die Geschichte von der Naturwissenschaft und Industrie, so sieht sie nicht in der grobmateriellen Produktion auf der Erde, sondem in der dunstigen Wolkenbildung am Himmel die Geburtstätte der Geschichte» («O la crítica crítica cree que sólo ha llegado a un comienzo de la comprensión de la realidad histórica mientras excluye del movimiento histórico la relación teórica y práctica del hombre con la naturaleza, las ciencias naturales y la industria (el trabajo)? ¿O cree que en realidad ya ha reconocido algún período sin, por ejemplo, haber reconocido la industria de este período, el modo inmediato de producción de la vida misma? (…) Así como separa el pensamiento del sentido, el alma del cuerpo, a ella misma del mundo, así separa la historia de las ciencias naturales y la industria, así no ve en la producción material burda de la tierra, sino en la brumosa formación de nubes en el cielo, el lugar del nacimiento de la historia». *Die Heilige Familie (La sagrada familia)*, pág. 238.

Aunque en las primeras obras de *Marx* sólo encontramos estas alusiones incidentales a la doctrina de la interpretación económica, *Engels,* el ejecutor literario de *Marx,* nos dice que *Marx* había elaborado su teoría en 1845.[43] Que *Engels* tiene toda la razón en esto lo demuestran no sólo las citas que acabamos de mencionar, sino también las anotaciones que *Marx* hizo a *Feuerbach* en 1845.[44] *Marx* objeta aquí la vieja doctrina materialista mecánica de que los hombres son simplemente el resultado de su entorno, porque se olvida que este entorno puede ser modificado por el hombre.[45]

Karl Marx también se opone a toda la visión de *Feuerbach* sobre la religión, basándose en que *Feuerbach* no percibe que el hombre es el producto de sus relaciones sociales y que la reli-

---

[43] «Siendo el *Manifiesto* nuestra producción conjunta, me considero obligado a afirmar que la proposición fundamental que forma su núcleo pertenece a Marx. Esa proposición es que en cada época histórica el modo prevaleciente de producción e intercambio económico y la organización social que necesariamente se deriva de él forman la base sobre la cual se construye, y a partir de la cual es la única que puede explicarse, la historia política e intelectual de esa época; que, en consecuencia, etc. (…). A esta proposición, que en mi opinión está destinada a hacer por la historia lo que la teoría de Darwin ha hecho por la biología, ambos nos habíamos estado acercando rápidamente durante algunos años antes de 1845... Pero cuando me encontré de nuevo con Marx, en la primavera de 1845, él ya lo había calculado y me lo había planteado en términos casi tan claros como aquellos en los que lo he dicho aquí». Marx y Engels, *Manifesto of the Communist Party (Manifiesto del Partido Comunista),* traducción autorizada al inglés, editada y comentada por Frederick Engels, 1888, prefacio, págs. 5 y 6. Este prefacio fue escrito en inglés por Engels y se publicó en alemán sólo en ediciones posteriores.

[44] Publicado como apéndice en *Ludwig Feuerbach un der Ausgang der Klassischen Deutschen Philosophie (Ludwig Feuerbach y el resultado de la filosofía clásica alemana).* Frederick Engels, con apéndice de Karl Marx sobre Feuerbach de 1845 (1888).

[45] «La doctrina materialista de que las personas son producto de las circunstancias y de la educación olvida que las personas cambian las circunstancias y que el propio educador debe ser educado». *Op. cit.,* pág. 80.

gión misma es una consecuencia social.[46] Una declaración más completa de su nueva posición[47] se encuentra en algunos ensayos escritos aproximadamente en esa época y que han sido descubiertos recientemente.[48] Estos artículos, publicados anónimamente en el *Westfälischer Dampfboot (El Barco de Westfalia)*[49], son de mayor importancia porque *Marx* enfatizó por primera vez su desacuerdo con los *«socialistas sentimentales»*.

En la primera serie de artículos, *Marx* critica a un periódico comunista alemán, publicado en Nueva York, que dedicaba mucha atención a los disturbios o revueltas contra los alquileres.[50] *Marx* analiza el movimiento agrario en los Estados Unidos y trata de

---

[46] «Feuerbach löst das religiose Wesen in das menschliche Wesen auf. Aber das menschliche Wesen ist kein […] Abstraktum. In seiner Wirklichkeit, ist es das Ensemble der gesellschaftlichen Verhältnisse […]. Feuerbach sieht nicht, dass das 'religiose Gemiith' selbst ein gesellschaftliches Produkt ist» («Feuerbach disuelve la esencia religiosa en la esencia humana. Pero el ser humano no es […] una abstracción. En su realidad, es el conjunto de relaciones sociales. Feuerbach no ve eso. La mente religiosa es en sí misma un producto social»). «Ludwig Feuerbach», pág. 81.

[47] Peter von Struve afirma que Marx no ocupó una nueva posición hasta 1846. Cf. sus artículos «Zur Entwicklungsgeschichte des wissenschafdichen Sozialismus» («Sobre la historia del desarrollo del socialismo científico»), en *Die Neue Zeit (El Nuevo Tiempo)*, XV (1897), I, pág 68; y II, págs. 228 y 269. Struve, sin embargo, parece poner muy poca atención sobre los puntos enfatizados anteriormente. Cf. el artículo de Kampffmeyer «Die ökonomischen Grundlagen des deutschen Sozialismus» («Los fundamentos económicos del socialismo alemán»), en *Die Neue Zeit (El Nuevo Tiempo)*, V (1887), especialmente en la pág. 536, sobre el llamado de atención sobre la interpretación histórica de la historia que hace Marx en sus cartas a Ruge en 1843.

[48] Ver la esencia de sus ensayos en Struve, «Zwei bisher unbekannte Aufsätze von Karl Marx aus den vierziger Jahren. Ein Beitrag zur Entstehungsgeschichte des wissenschaftlichen Sozialismus» («Dos ensayos hasta ahora desconocidos de Karl Marx de la década de 1840. Una contribución a la historia de los orígenes del socialismo científico»), en *Die Neue Zeit (El Nuevo Tiempo)*, XIV (1896), págs. 41 a 48.

[49] Revista mensual editada por Otto Lüning, quien vivió entre 1845 y 1848.

[50] *Der Volkstribun (Tribuna Popular)*. Editada por H. Kriege en 1846.

mostrar desde su nuevo punto de vista la conexión entre los fenómenos económicos y políticos. En una segunda serie de artículos[51] coincide con *Grün* y *Hess,* los principales defensores del socialismo filosófico, y ridiculiza su incapacidad para percibir que una alteración en los métodos de producción provoca cambios en toda la vida social.[52]

Para 1847, *Karl Marx* ya había hecho un estudio algo más profundo de la historia económica,[53] mediante el cual estaba mucho más convencido de la verdad de su nueva teoría, por lo que procedió a lanzar un ferviente ataque contra los socialistas de mayor trayectoria en la persona de su principal representante, *Proudhon,* autor de la obra *Philosophy of Misery (Filosofía de la pobreza). Marx* hace su réplica con la obra *Misery of Philosophy*

---

[51]   Karl Grün, *Die soziale Bewegung in Frankreich und Belgien oder die Geschichtsschreibung des wahren Sozialismus (El movimiento social en Francia y Bélgica o la historiografía del verdadero socialismo).* Ensayo publicado a principios de 1847, reimpreso ahora, con una introducción de E. Bernstein, en *Die Neue Zeit (El Nuevo Tiempo),* XVIII (1900), págs. 4, 37, 132 y 164.

[52]   «El señor Grün olvida que el pan se producía en molinos de viento y agua, e incluso antes en molinos manuales; que estos diferentes métodos de producción son completamente independientes del mero consumo de pan... Que con estas diferentes etapas de producción también se generan diferentes condiciones de producción y consumo, y que se dan distintas contradicciones entre ambos; que estas contradicciones sólo pueden entenderse a partir de la observación y sólo pueden resolverse mediante un cambio práctico de cada modo de producción y toda la condición social basada en ello. El Sr. Grün no tiene idea de eso». *Die Neue Zeit (El Nuevo Tiempo),* XIV, II, pág. 51. Mehring afirma en *Die Neue Zeit* que la diferencia entre Marx y los «verdaderos socialistas» con frecuencia ha sido exagerada.

[53]   En este año Marx también publicó un artículo en el *Deutsche-Brüsseler-Zeitung (Periódico Alemán de Bruselas)* titulado «Die moralisierende Kritik und die kritisierende Moral, ein Beitrag zur deutschen Kulturgeschichte» («La crítica moralizante y la crítica de la moralidad, una contribución a la historia cultural alemana»), dirigido contra Karl Heinzen en términos muy similares a su ataque a Grün.

(La pobreza de la filosofía), en la que elabora la teoría de que las instituciones económicas son categorías históricas y de que la historia misma debe interpretarse a la luz del desarrollo económico. Leemos (en francés, es cierto, porque *Marx* escribió con fluidez en alemán, inglés y francés) que la concepción de la propiedad privada cambia en cada época histórica en una serie de relaciones sociales completamente diferentes. De manera más general, *Marx* sostiene que todas las relaciones sociales están íntimamente conectadas con las fuerzas productivas de la sociedad, haciendo esta afirmación:

> *Al cambiar los modos de producción, la humanidad cambia todas sus relaciones sociales.[54] El molino de mano crea una sociedad con el señor feudal; el molino de vapor, una sociedad con el capitalista industrial. Los mismos hombres que establecen relaciones sociales de conformidad con su producción material también crean principios, ideas y categorías de conformidad con sus relaciones sociales (…). Todas esas ideas y categorías son, por tanto, productos históricos y de carácter transitorio.[55]*

---

[54] «En cada período histórico, la propiedad se ha desarrollado de manera diferente y en una serie de relaciones sociales completamente diferentes. Así, definir la propiedad burguesa no es otra cosa que presentar todas las relaciones sociales de la producción burguesa. Querer dar una definición de propiedad como una relación independiente, una categoría separada, una idea abstracta y eterna, esto sólo puede ser una ilusión de la metafísica o la jurisprudencia». Karl Marx, *Misère de la Philosophie. Réponse à la Philosophie de la Misère de M. Proudhon (La pobreza de la filosofía. Respuesta a la filosofía de la pobreza del señor Proudhon)*, 1847, pág. 153.

[55] «Las relaciones sociales están íntimamente ligadas a las fuerzas productivas. Al adquirir nuevas fuerzas productivas, los hombres cambian su modo de producción, y al cambiar su modo de producción, la forma de ganarse la vida, cambian todas sus

En otro lugar hace el siguiente planteamiento:

Las relaciones en las que se manifiestan las fuerzas productivas de la sociedad, lejos de ser leyes eternas, corresponden a cambios definidos en el hombre y en sus fuerzas productivas.[56]

Marx aplica esta ley general de muchas maneras. Así, en un profundo estudio de la doctrina de la renta, señala que la renta en el sentido ricardiano no es más que *«la agricultura patriarcal transformada en industria comercial»*[57] y, después de explicar el crecimiento histórico de las condiciones agrícolas modernas, concluye objetando toda la escuela clásica, porque no ve que las instituciones económicas puedan entenderse sólo como categorías históricas.[58] En otro pasaje sostiene que el dinero en sí no es

---

relaciones sociales. El molino de mano le permitirá entenderse con el señor feudal; si se trata del molino de vapor, la sociedad se relacionará con el capitalista industrial (...). Las mismas personas que establecen relaciones sociales de acuerdo con su productividad material también formulan principios, ideas y categorías, de acuerdo con sus relaciones sociales (...). Así, estas ideas y estas categorías son tan poco eternas como las relaciones que expresan. Son productos históricos y transitorios». *Misère de la Philosophie (La pobreza de la filosofía)*, págs. 99 y 100.

[56] «No basta decir que el modo de producción, las relaciones en las que se desarrollan las fuerzas productivas, son nada menos que leyes eternas, sino que corresponden a un desarrollo determinado de los hombres y de sus fuerzas productivas, y que un cambio que se produzca en las fuerzas productivas de los hombres conduce necesariamente a un cambio en las relaciones de producción». *Ibidem,* pág. 115. Cf. págs. 152 y 177.

[57] «La renta, en el sentido de David Ricardo, es la agricultura patriarcal transformada en industria comercial, el capital industrial aplicado a la tierra, la burguesía de las ciudades trasplantada al campo». *Misère de la Philosophie (La pobreza de la filosofía)*, pág. 159.

[58] «Ricardo, después de haber supuesto la producción burguesa como necesaria

una cosa, sino una relación social, y que esta relación corresponde a una forma definida de producción, precisamente del mismo modo que los intercambios entre los individuos.[59] Finalmente, al analizar la esencia de la maquinaria y la importancia histórica del principio de la división del trabajo, *Marx* nos dice:

> *La maquinaria no es una categoría económica[60] más que el buey que tira del arado; es una fuerza productiva. La fábrica moderna, que a su vez se basa en maquinaria, es una relación social, una categoría económica.*

En resumen, la vida social en un momento dado es el resultado de una evolución económica.

En el famoso *Manifiesto del Partido Comunista (Manifesto of the Communist Party)*[61], que se publicó al año siguiente, encontramos las implicaciones, más que la declaración directa, de este principio. Después de describir cómo el sistema gremial de la industria dio

---

para determinar la renta, la aplica, sin embargo, a la propiedad de la tierra de todos los períodos y de todos los países. Estos son los errores de todos los economistas que representan las relaciones de producción burguesas como categorías eternas». *Ibidem,* pág.160

[59] «El dinero no es otra cosa que una relación social (…). Esta relación es un anillo y, como tal, íntimamente ligado a toda la cadena de otras relaciones económicas (…); esta relación corresponde a un determinado modo de producción, ni más ni menos que el intercambio individual». *Ibidem,* pág. 64.

[60] «Las máquinas ya no son una categoría económica que no podría ser el buey que tira del arado. Las máquinas son sólo una fuerza productiva. El taller moderno, que se basa en la aplicación de máquinas, constituye una relación social de producción, una categoría económica». *Misère de la Philosophie (La pobreza de la filosofía)*, pág. 128

[61] Karl Marx y Frederick Engels, *Manifest der Kommunistischen Partei (Manifiesto del Partido Comunista)*, Londres, 1848, págs. 4 a 7.

paso al sistema industrial moderno, basado en el mercado mundial y en la revolución de la producción industrial, *Marx* señala que la burguesía, al revolucionar los métodos de producción, altera con ellos todo el carácter de la sociedad y desplaza el feudalismo por las condiciones modernas. En la actualidad esto es algo bastante obvio, pero en el momento en que apareció el manifiesto era una concepción novedosa y sorprendente. Desafortunadamente, el pensamiento estaba tan inextricablemente entrelazado con la explicación peculiarmente socialista de *Marx* de los efectos de la maquinaria, de la función del capital y del rápido cataclismo de la sociedad que en su momento causó poca impresión.

En los años siguientes, *Marx* hizo varias aplicaciones de su teoría. En 1849 publicó una serie de artículos sobre «Trabajo asalariado y capital» («Wage-Labor and Capital»), en el curso de los cuales rastreó la razón del cambio de la esclavitud a la servidumbre y al sistema salarial, y volvió a establecer el principio de que todas las relaciones de la sociedad dependen de cambios en la vida económica y más particularmente en los modos de producción. Así las cosas, Marx hace esta afirmación:

> *Con el cambio en las relaciones sociales mediante las cuales los individuos producen, es decir, en las relaciones sociales de producción, y con la alteración y desarrollo de los medios materiales de producción, también se transforman los poderes de producción. Las relaciones de producción forman colectivamente esas relaciones sociales que llamamos sociedad, y una sociedad con grados definidos de desarrollo histórico (…). La sociedad antigua, la sociedad feudal y la sociedad burguesa*

son simplemente ejemplos de este resultado colectivo en las comple-
jas relaciones de producción, cada uno de los cuales marca un paso
importante en el desarrollo histórico de la humanidad.[62]

En una serie de artículos publicados en 1850 sobre «Las luchas de clases en Francia de 1848 a 1850», *Marx* hizo el primer intento de aplicar su principio a una situación política existente.[63] Se esforzó por demostrar que la gran crisis de 1847 fue la verdadera causa de la revolución de febrero y que la reacción económica de 1849 y 1850 fue la base de la reacción política en todo el continente.

Marx continuó con sus publicaciones. En 1852 aparece otro artículo sobre «El dieciocho brumario» («The Eighteenth Bru-maire»), en el que intentó dejar al descubierto los fundamentos económicos del golpe de Estado *(coup d'État)* en Francia y mos-trar que el imperio realmente dependía del pequeño granjero o campesino, quien ahora se había convertido en un conservador en lugar de un revolucionario.[64] Es en esta obra donde encontramos

---

[62] «Lohnarbeit und Kapital» («Trabajo asalariado y capital»), en *Neue Rheinische Zei-tung, Politisch-ökonomische Revue (Revista Político-Económica, Nueva Publicación Renana)*, editada por Karl Marx, abril de 1849. Se trataba de una serie de conferencias que Marx pronunció en 1847 ante un sindicato de trabajadores de Bruselas, las cuales han sido traducidas por J. L. Joynes y publicadas en un folleto bajo el título *Wage-Labor and Capital (Trabajo asalariado y capital)*, Londres, 1897.

[63] Artículos publicados bajo el título simple «1848-1849» en el *Neue Rheinische Zei-tung (Nueva Publicación Renana)*, 1850. No fueron publicados en forma de folleto hasta 1895, cuando Engels los editó bajo el título *Die Klassenkämpfe in Frankreich 1848 bis 1850 (Lucha de clases en Francia de 1848 a 1850)*.

[64] «Der Achtzehnte Brumaire des Louis Bonaparte» («El dieciocho brumario de Luis Bonaparte») constituyó el segundo número de una publicación mensual política llamada *Die Revolution (La Revolución)*, editada en Nueva York en 1852 por Joseph Weydemeyer. Marx lo reimprimió como un folleto separado en 1869. Se publicó una

la parte interesante de la psicología social, en la que los ideales de vida mismos, así como las opiniones de cualquier individuo, por eminente que sea, se remontan a causas sociales y económicas. Marx nos lo expresa en los siguientes términos:

> *Sobre las diversas formas de propiedad y sobre las condiciones de existencia social se levanta toda una superestructura de sensaciones, ilusiones, métodos de pensamiento y visiones de la vida diversos y peculiarmente formados.*

> *Toda la clase (social) los modela y moldea a partir de sus bases materiales y de sus correspondientes relaciones sociales. El individuo único, en quien convergen a través de la tradición y la educación, es propenso a imaginar que constituyen las causas determinantes reales y el punto de partida de su acción.*[65]

En otro pasaje sostiene lo siguiente:

> *Los hombres hacen su propia historia, pero no la hacen por voluntad propia ni en condiciones elegidas por ellos mismos, sino en*

---

tercera edición en formato económico en 1885.

[65] «Sobre las diversas formas de propiedad, sobre las condiciones sociales de existencia, se levanta toda una superestructura de sentimientos, ilusiones, formas de pensar y supuestos de vida diferentes y peculiarmente formados. Toda la clase los crea y los moldea a partir de sus fundamentos materiales y de las correspondientes condiciones sociales. El individuo a quien llegan a través de la tradición y la educación puede imaginar que constituyen los factores determinantes reales y el punto de partida de sus acciones». *Op. cit.*, 2ª ed., pág. 26.

*condiciones dadas y transmitidas. La tradición de todas las genera-
ciones muertas pesa como una montaña en el cerebro de los vivos.*[66]

A principios de los años cincuenta (1850), en gran parte
gracias a los esfuerzos del *Sr. Charles A. Dana, Marx* se encargó de
escribir una serie de artículos para el *New York Tribune,* que, bajo
la dirección de *Horace Greeley,* dedicaba considerable atención al
movimiento socialista *fourierista* en los Estados Unidos.

En esos artículos,[67] que aparecieron en inglés durante más de
ocho (8) años, algunos de ellos de forma anónima, como edito-
riales del *Tribune, Marx* analizaba la situación política general de
Europa continental a la luz de su teoría económica, y contribuyó
en gran medida a la ilustración del público estadounidense. Sin
embargo, no fue hasta la aparición en 1859 de su primera obra
declaradamente científica, *Contribuciones a la crítica de la economía
política (Contributions to the Criticism of Political Economy),* que *Marx*
se esforzó por resumir su doctrina de la interpretación económica y mostrar cómo esto lo indujo a intentar su análisis de la

---

[66] «Las personas construyen su propia historia, pero no lo hacen bajo su propia
voluntad, no en circunstancias que ellas mismas elijan, sino en circunstancias dadas y
tradicionales, porque las costumbres de todas las generaciones muertas pesa como una
montaña en la mente de los vivos». *Op. cit.,* 2ª ed., pág. 26

[67] Estos artículos han sido recopilados y publicados recientemente en forma de
libro. Los artículos de 1851-1852 han aparecido bajo el título *Revolution and Counter
Revolution, or Germany 1848 (Revolución y contrarrevolución, o Alemania en 1848),* por
Karl Marx, editado por Eleanor Marx Aveling, Londres, 1896. Las cartas de 1853-
1856 se titulan *The Eastern Question, a Reprint of Letters written 1853-1856, dealing with
the Events of the Crimean War (La cuestión oriental, una reimpresión de cartas escritas entre
1853 y 1856 sobre los acontecimientos de la guerra de Crimea),* por Karl Marx, editado por
Eleanor Marx Aveling y Edward Aveling, Londres, 1897.

moderna economía industrial, tal como consta en las siguientes afirmaciones:

La investigación llevó a la conclusión de que las relaciones jurídicas, al igual que la forma de gobierno, no pueden entenderse ni por sí mismas ni como resultado del llamado progreso general del espíritu humano, sino que tienen sus raíces en las condiciones materiales de la vida (…).

En la producción social de su existencia cotidiana, los hombres entran en relaciones definidas que son a la vez necesarias e independientes de su propia voluntad: relaciones de producción que corresponden a una etapa definida de sus poderes materiales de producción.

La totalidad de esas relaciones de producción constituye la estructura económica de la sociedad, la base real sobre la que se erige el edificio jurídico y político y a la que corresponden formas definidas de desarrollo social. El método de producción en la existencia material condiciona la evolución social, política e intelectual en general.[68]

Después de hablar de los períodos en los que las viejas fuerzas entran en conflicto temporal con las nuevas, *Marx* continúa con su exposición:

Con la alteración de la base económica, toda la inmensa superestructura se transforma más o menos lentamente. Al considerar tales transformaciones siempre debemos distinguir entre la transformación

---

[68]   *Zur Kritik der Politischen Ökonomie. Erstes Heft (Sobre la crítica de la economía política)*, 1859, págs. 4 y 5.

material en las condiciones económicas de producción, que nos enseñan las ciencias naturales, y la transformación jurídica, política, estética o filosófica; en resumen, formas ideológicas, en las que los hombres toman conciencia de este conflicto y luchan.[69]

En su gran obra, *El capital,* publicada ocho (8) años después, aunque continuamente lo da por sentado, *Marx* no formula en ninguna parte esta ley. Si bien el capítulo final contiene una parte muy interesante de la historia económica de Inglaterra desde el siglo XVI, *Marx* limita la discusión a un estudio de los resultados económicos más que de las consecuencias sociales o políticas más amplias.

En parte por esa razón y en parte porque el público en general no distinguía entre sus puntos de vista históricos y su análisis socialista de la sociedad industrial existente, la visión de *Marx* de la historia tuvo al principio sólo una ligera influencia fuera de los círculos socialistas.

Después de que sus obras anteriores empezaran a estudiarse más detenidamente, los marxistas más jóvenes señalaron la importancia real del principio histórico. Pero no fue hasta 1894, once (11) años después de la muerte de *Marx,* con la publicación del tercer volumen de *El capital,* con su riqueza de interpretación histórica, que los escritores continentales en general se dieron cuenta de la importancia de la teoría; y sólo desde entonces la acalorada controversia se ha extendido por todo el mundo

---

[69] *Ibidem,* pág. 5.

científico.[70] Dado que ni las obras anteriores de 1847 o 1859 ni ninguno de los volúmenes posteriores de *El capital* han sido traducidos todavía, el público de habla inglesa sólo ha tenido una ligera oportunidad de captar el significado real de la teoría de *Marx* o sus corolarios.

En el primer volumen de *El capital,* el único pasaje en el que *Marx* se refiere a su teoría fundamental está escondido en una nota.[71] Aquí compara su teoría con la de *Darwin* e insiste en que se basa en el único método realmente materialista:

> *Una historia crítica de la tecnología mostraría cuán pocos de los inventos del siglo XVIII son obra de un solo individuo. Hasta ahora no ha habido ningún libro así. Darwin nos ha interesado en la historia de la tecnología de la naturaleza, es decir, en la formación de los órganos de las plantas y los animales, órganos que sirven como instrumentos de producción para el sustento de la vida.*
>
> *¿No merece igual atención la historia de los órganos productivos del hombre, de los órganos que son la base material de toda organización social?*
>
> *¿Y no sería más fácil compilar una historia así, ya que, como dice Vico, la historia humana se diferencia de la historia natural en que hemos hecho la primera, pero no la segunda?*

---

[70] En los círculos socialistas puede decirse que la controversia data de 1890, cuando la cuestión fue abordada en las discusiones sobre el programa del Partido Socialdemócrata en Alemania.

[71] *El capital* (traducción al inglés), II, pág. 367, nota 1.

La tecnología revela el modo en que el hombre trata con la Naturaleza, el proceso de producción mediante el cual sostiene su vida, y con ello también deja al descubierto el modo de formación de sus relaciones sociales y de las concepciones mentales que fluyen de ellas. Incluso toda historia de la religión que no tenga en cuenta esta base material es acrítica. En realidad, es mucho más fácil descubrir mediante el análisis el núcleo terrenal de las brumosas creaciones de la religión que, a la inversa, desarrollar a partir de las relaciones reales de la vida las correspondientes formas celestializadas de esas relaciones.

Este último es el único método materialista y, por tanto, el único método científico. Los puntos débiles del materialismo abstracto de las ciencias naturales, un materialismo que excluye la historia y su proceso, son inmediatamente evidentes en las concepciones abstractas e ideológicas de sus portavoces, siempre que se aventuran más allá de los límites de su propia especialidad.

Es en el tercer volumen de *El capital* donde *Marx* da una exposición definitiva de su teoría, con algunas reservas necesarias, cuya falta de atención es en parte responsable de algunas de las objeciones a la teoría.

Con el siguiente extracto podemos cerrar adecuadamente la serie de citas:

Es siempre la relación inmediata del propietario de los medios de producción con los productores inmediatos —una relación cada una de cuyas formas siempre corresponde naturalmente a una etapa dada en los métodos y condiciones de trabajo y, por tanto, en su

*productividad social— en la que encontramos el secreto más íntimo,
la base oculta de toda la estructura social y, por tanto, también de
las formas políticas de las relaciones de soberanía y dependencia. En
una palabra, la forma específica de gobierno.*

*Lo anterior no impide que esta misma base económica en todos
sus aspectos esenciales muestre en la vida real infinitas variaciones y
gradaciones debidas a diversos hechos empíricos, condiciones naturales, relaciones raciales e innumerables influencias históricas externas,
todo lo cual sólo puede comprenderse mediante un análisis de estas
condiciones tal como son reveladas por la experiencia.* [72]

---

[72] «Es ist jedesmal das unmittelbare Verhältniss der Eigenthümer der Produktions-
bedingungen zu den unmittelbaren Producenten —ein Verhältniss, dessen jedesmalige
Form stets naturgemäss einer bestimmten Entwicklungsstufe der Art und Weise der Ar-
beit, und daher ihrer gesellschaftlichen Produktivkraft entspricht— worin wir das in-
nerste Geheimniss, die verborgene Grundlage der ganzen gesellschaftlichen Construc-
tion, und daher auch die politische Form der Souveränetäts und Abhängigkeitsverhält-
nisse, kurz, der jedesmaligen specifischen Staatsform finden. Dies hindert nicht, dass
dieselbe ökonomische Basis —dieselbe den Hauptbedingungen nach— durch zahllos
verschiedene empirische Umstände, Naturbedingungen, Racenverhältnisse, von aussen
wirkende geschichtlichen Einflüsse u. s. w. unendliche Variationen und Abstufungen
in der Erscheinung zeigen kann, die nur durch Analyse dieser empirisch gegebenen
Umstände zu begreifen sind» («Es siempre la relación inmediata entre los propietarios
de los medios de producción y los productores inmediatos (…) pueda mostrar infinitas
variaciones y gradaciones en la apariencia, que sólo pueden entenderse analizando estas
circunstancias empíricas dadas»). *Das Kapital (El capital)*, III, 2, págs. 324 y 325.

Capítulo IV

La originalidad de la teoría

Hemos estudiado hasta aquí la génesis y el desarrollo de la doctrina, principalmente en palabras del propio *Marx,* pero se preguntará: ¿hasta qué punto la teoría de la interpretación económica es original de *Marx?*

De hecho, en la literatura de siglos anteriores se pueden encontrar abundantes rastros de la conexión entre las causas económicas y las condiciones jurídicas, políticas o sociales. *Harrington,* por ejemplo, en su obra *Oceana,* nos dice que la forma de gobierno depende de la tenencia y la distribución de la tierra. El fundamento mismo de toda su teoría es: *«Tal como sea la proporción o el equilibrio del dominio o la propiedad en la tierra, tal es la naturaleza del imperio».*[73]

---

[73] «Si un hombre es el único señor, o domina al pueblo, ese gran señor (...) y su imperio es la monarquía absoluta. Si los pocos o una nobleza superan al pueblo, se presenta un gobierno gótico y el imperio será una monarquía mixta (como en España y Polonia). Si todo el pueblo es terrateniente o poseen las tierras divididas entre ellos de tal manera que ningún hombre o número de hombres (esté) sobre ellos, el imperio (sin la interposición de la fuerza) será una *commonwealth* (mancomunidad)». James Harrington, *La Commonwealth de Oceana (La mancomunidad de Oceana),* 1656, pág. 4.

Durante el siglo XVIII encontramos escritores, como *Germain Garnier*[74] en Francia, *Dalrymple*[75] en Inglaterra y *Möser*[76] en Alemania, que enfatizaron la influencia de la propiedad de la tierra en la política. Especialmente entre los socialistas del segundo cuarto del siglo XIX encontramos no pocas alusiones a un punto de vista similar. *Fourier, St. Simon, Proudhon* y *Blanc* naturalmente llamaban la atención sobre la influencia de las condiciones económicas en la política de la época.[77]

Por su parte, el primer historiador extranjero del socialismo francés, *Lorenz von Stein,* elaboró algunas de sus ideas postulando el principio general de la subordinación de lo político a la vida económica.[78] Los primeros socialistas alemanes menores, como

---

[74]   German Garnier, *De la Propriété dans ses Rapports avec le Droit Politique (La propiedad en sus relaciones con el derecho político)*, 1792.

[75]   Sir John Dalrymple, *An Essay toward a General History of Feudal Property in Great Britain (Hacia una historia general de la propiedad feudal en Gran Bretaña)*, 1757.

[76]   Justus Möser, *Vorrede zur Osnabrückschen Geschichte (Prefacio sobre la historia de Osnabrück)*, 1768. Véase el interesante artículo «Justus Möser als Geschichtsphilosoph» («Justus Möser como filósofo de la historia»), de P. Kampffmeyer, en *Die Neue Zeit (El Nuevo Tiempo)*, XVIII, I, págs. 516 a 524.

[77]   En cuanto a St. Simon, véase P. Barth en *Die Zukunft (El Futuro)*, IV, pág. 449; y *Die Philosophie der Geschichte als Soziologie (La filosofía de la historia como la sociología)*, 1897, del mismo escritor. Cf. *The French Revolution and Modern French Socialism (La Revolución francesa y el socialismo francés moderno)*, de Jessica Peixotto (1901), págs. 219 a 221. Tanto Barth como Peixotto exageran la influencia de St Simon. Para Fourier y Le Chevalier, véase el libro de Wenckstern sobre Marx (1896), págs. 250 y 251. Para Proudhon, véase Mülberger, *Zur Kentniss des Marxismus (Sobre el conocimiento del marxismo)*, 1894.

[78]   Las opiniones de Stein fueron expuestas por primera vez en 1842 en *Der Socialismus und Communismus des heutigen Frankreichs (El socialismo y el comunismo de la Francia contemporánea)*. En una obra posterior, publicada en 1850, *Geschichte der socialen Bewegung in Frankreich (Historia del movimiento social en Francia)*, desarrolló más plenamente su idea de la sociedad como la comunidad en su organización económica y social, es

Marr, Hess y *Grün,*[79] así como otros escritores[80] aquí y allá, se expresaban esporádicamente de la misma manera. Pero si únicamente se puede reclamar originalidad para aquellos pensadores que no sólo formulan una doctrina, sino que primero reconocen su importancia y sus implicaciones, de manera tal que se convierta en un elemento constitutivo de todo su sistema científico, no hay duda de que *Marx* debe ser reconocido como el más genuino creador de la teoría relativa a la *interpretación económica de la historia.*[81]

Cabe preguntarse, finalmente, hasta qué punto los otros fundadores del socialismo científico, *Rodbertus* y *Lassalle,* deberían compartir con *Marx* el honor de originar la doctrina de la *interpretación económica de la historia.* Es de anotar que hubo un tiempo en que se discutía acaloradamente[82] la cuestión de la prioridad de

---

decir, lo económico como base de la vida jurídica y política. Esto produjo un efecto decisivo en Gneist y, a través de él, en gran parte de la jurisprudencia histórica alemana moderna. Pero la doctrina de Stein ejerció poca influencia sobre el pensamiento económico o la investigación histórica en general.

[79] Para algunas de sus declaraciones, véase G. Adler, *Die Grundlagen der Karl Marx'schen Kritik der Bestehenden Volkswirthschaft (Los fundamentos de la crítica de Karl Marx a la economía existente),* 1887, págs. 214 a 226. Para conocer las opiniones más generales de estos socialistas alemanes, véase G. Adler, *Die Geschichte der ersten Socialpolitischen Arbeiterbewegung in Deustschland (Historia del primer movimiento obrero sociopolítico en Alemania),* 1885.

[80] Cf. un párrafo notable del merecidamente olvidado Lavergne-Péguilhen, *Die Bewegungs-und Produktions-gesetze (Las leyes del movimiento y la producción),* 1838, pág. 225, sobre el que Brentano llamó la atención; pero Mehring, en su obra *Die Lessing Legende nebst einem Anhangeüber den Historischen Materialismus (La leyenda de Lessing con un apéndice sobre el materialismo histórico),* 1893, págs. 435 a 441, precisa que es de menor importancia este representante de la escuela romántica-feudal.

[81] Cf. Woltmann, *Der Historische Materialismus (Materialismo histórico),* 1900, pág. 24.

[82] La acusación de que Marx copió de Rodbertus fue formulada por primera vez

las opiniones entre *Marx* y *Rodbertus*. La controversia, sin embargo, giró principalmente en torno a las doctrinas específicamente socialistas del trabajo y la plusvalía, que en lo esencial no tienen nada que ver con la *interpretación económica de la historia*.

Incluso en este punto, los amigos de *Rodbertus* admitieron posteriormente que las acusaciones formuladas originalmente contra *Marx* eran infundadas.[83] Se concluye que, en lo que respecta a la *interpretación económica de la historia*, no se puede afirmar que *Rodbertus* haya originado o incluso le haya dado sustento a dicha doctrina.[84]

Con referencia a *Lassalle*, apenas sería necesario referirse al asunto si no fuera por el hecho de que un destacado economista inglés ha insinuado recientemente que la doctrina se encuentra

---

por R. Meyer en *Emancipationskmpf des Fourth Estates (La lucha de emancipación del cuarto poder)*, 1875, I, 43, 2ª ed. (1882), págs. 57 y 83; y fue repetida por el propio Rodbertus en una carta a J. Zeller en el *Tübingerd Zeitchrift für die Gesammte Staatsforschung (Diario de Tubinga para las Investigaciones Estatales)*, 1879, pág. 219. Cf. *Cartas y ensayos sociopolíticos del Dr. Rodbertus-Jagetzow*, editados por el Dr. R. Meyer, sin fecha [1880], pág. 134. La acusación fue refutada triunfalmente por Engels en el prefacio de la edición en alemán de *Das Misery of Philosophy (La pobreza de la filosofía)*, de E. Bernstein (1885), y más completamente en el prefacio del segundo volumen (alemán) de *Das Kapital (El capital)*, 1885, págs. 8 a 21.

[83] Cf. A. Wagner en la introducción al tercer volumen de *Ausdem Literarischen Naschlass von Dr. Karl Rodbertus-Jagetzow (De las tertulias literarias del Dr. Karl Rodbertus-Jagetzow)*, editado por Adolph Wagner y Theophil Kozak, 1885, pág. 31.

[84] Cf. A. Wagner en su *Grundlegung Der Politischen Oekonomie*, II, 3ª ed. (1894), págs. 281 y 282, donde se describe a Marx procediendo «unilateralmente según la ley del desarrollo, con la ayuda de su concepción materialista de la historia», mientras que Rodbertus argumenta «sin las herramientas históricas y dialécticas de Marx». Cf. también el ensayo de Kautsky «El capital de Rodbertus» en *Die Neue Zeit (El Nuevo Tiempo)*, II (1884), pág. 350.

por primera vez en sus escritos.[85] De hecho, hoy los estudiantes más capaces del socialismo admiten que *Lassalle* no le dio origen a ningún punto importante de la teoría, aunque es cierto que sin la maravillosa sagacidad práctica de este escritor el mundo, en general, probablemente habría escuchado muy poco acerca de *Marx* y *Rodbertus*. *La Internacional*, en manos de *Marx*, fue un fiasco; en cambio, el socialismo práctico, en manos de *Lassalle,* se convirtió en una poderosa fuerza política y social. Pero si bien *Lassalle* fue un gran agitador y estadista, en cambio no fue un pensador constructivo (en economía al menos); y si bien, por su parte, *Marx* fue un fracaso en la vida práctica, en cambio sí fue un gigante como filósofo en la sombra.[86]

---

[85]   Bonar, *Philosophy and Political Economy (Filosofía y economía política)*, 1893, págs. 350 y 351, citando la obra *Workmen's Programme of 1862 (El programa de los trabajadores de Lassalle de 1862)*. Los puntos mencionados por Bonar se encuentran en los libros de Marx de 1847 y 1859.

[86]   Es de lamentar que el profesor Foxwell, en su introducción a la traducción de la obra de Menger *The Right to the Whole Produce Of Labor (El derecho a todo el producto del trabajo)*, de 1899, parezca dar crédito a la afirmación de Menger de que Marx tomó prestada su teoría de la plusvalía de los socialistas ingleses sin darle crédito. Como sabe todo aquel que esté familiarizado con el tema, ambas partes de esta afirmación son erróneas. Fue el propio Marx quien primero llamó la atención en detalle sobre los socialistas ingleses, citando extensamente a Hopkins [quiere decir Hodgskin], Thompson, Edwards y Bray en *La Misère de la Philosophie (La pobreza de la filosofía)*, págs. 49 a 62; y comparar sus teorías con las de Marx es como comparar la economía política de Petty con la de Ricardo. Hay que recordar, sin embargo, que el autor del libro en cuestión no es el economista Carl Menger, sino su hermano, el jurista Anton. El profesor Ashley debió de haber tenido estos pasajes en mente cuando se dejó llevar por la apresurada caracterización de Marx como «un hombre de gran capacidad, pero ni tan erudito ni tan original como parecía».Véase *Surveys, Historic and Economic (Investigación histórica y económica)*, 1900, pág. 25. Aquellos que realmente conocen a Marx no tienen esa opinión. Böhm-Bawerk, uno de los principales oponentes de la teoría de la plusvalía de Marx, ha expresado a menudo una gran admiración por sus

Estemos o no de acuerdo con el análisis de *Marx* sobre la sociedad industrial, y sin intentar todavía emitir un juicio sobre la validez de su doctrina filosófica, es igualmente válido afirmar que, hasta ahora, nadie ha estudiado a *Marx* como merece ser estudiado; podríamos agregar que incluso hasta ahora no ha sido estudiado en debida forma en Inglaterra o Estados Unidos. Por lo pronto, debemos reconocer el hecho de que, tal vez con la excepción de *David Ricardo,* no ha habido un intelecto más original, más poderoso y más agudo en toda la historia de la ciencia económica.

---

poderes y llega incluso a llamarlo un «genio filosófico» y «una fuerza intelectual del más alto nivel».Véase Böhm-Bawerk, *Karl Marx and the Close of his System (Karl Marx y la conclusión de su sistema),* 1898, págs. 148 y 221. Aunque sólo sea por su admirable y profundo tratamiento del problema monetario en el segundo volumen (alemán) de *Das Kapital (El capital),* Marx ocuparía un lugar destacado en la historia de la economía. Sus trabajos anteriores muestran que fue igualmente fuerte en otros campos del pensamiento humano. En cuanto a su aprendizaje, puede ser suficiente llamar la atención sobre el hecho de que Marx fue el primer escritor que estudió en detalle la historia temprana del pensamiento económico inglés, además de ser el primer economista en realizar una investigación efectiva basada en los *English blue books* (libros azules ingleses).

Capítulo V

La elaboración de la teoría

En los capítulos precedentes se ha estudiado la génesis y la formulación inicial de la doctrina del *materialismo histórico*. Ahora, antes de proceder a analizar sus aplicaciones, conviene evitar algunos malentendidos dirigiendo la atención a lo que podría llamarse no tanto las modificaciones, sino la elaboración ulterior de la teoría.

Al decir que los modos de producción condicionan toda la vida social, *Marx* en ocasiones nos lleva a creer que se refiere sólo a los modos de producción puramente técnicos o tecnológicos. Sin embargo, existen abundantes indicios en sus escritos que demuestran que realmente tenía en mente las condiciones de producción en general.[87] Esto resulta especialmente importante cuando analiza las primeras etapas de la civilización, donde se produjeron grandes cambios en las relaciones generales de producción sin mucha alteración específica en los procesos técnicos.

---

[87] Masaryk, en *Die Pkilosophischen und Sociologiscken Grundlagen des Marxismus (Los fundamentos filosóficos y sociológicos del marxismo)*, 1899, págs. 99 y 100; y Weisengrün, en *Der Marxismus und das Wesen der Sozialen Frage (El marxismo y la naturaleza de la cuestión social)*, 1900, pág. 86, están formulando críticas en estos puntos sin mayores fundamentos.

Los marxistas más jóvenes han dedicado mucho tiempo y gran parte de su capacidad para dilucidar este punto.

En primer lugar, aunque se afirma que los cambios en la técnica son las causas del progreso social, debemos tener cuidado de no adoptar una visión demasiado estrecha del término. Los partidarios de la teoría señalan que cuando hablamos de técnica en la vida social debemos incluir no sólo los procesos técnicos de extracción de la materia prima y de transformación de ella en un producto terminado, sino también la técnica del comercio y el transporte, los métodos técnicos del negocio en general y los procesos técnicos mediante los cuales se distribuye el producto (de la pesca, por ejemplo) al consumidor final. *Marx* insinuó esto repetidamente, y *Engels* lo ha declarado claramente en una carta, en la que resume las ideas por las que él y *Marx* tanto se esforzaron:

> *Entendemos por relaciones económicas, que consideramos la base determinante de la historia de la sociedad, los métodos mediante los cuales los miembros de una determinada sociedad producen sus medios de subsistencia e intercambian sus productos entre sí, en la medida en que existe la división del trabajo. Se incluye así toda la técnica de producción y de transporte. Además, esta técnica, según nuestro punto de vista, determina los métodos de intercambio, la distribución de los productos y, por tanto, tras la disolución de la sociedad **gentilicia**,*[88]

---

[88] Nota del traductor: Grupo de personas unidas por lazos de parentesco consanguíneo, célula de producción fundamental en el régimen de la comunidad primitiva. El número de sus individuos llegaba hasta varios centenares. Las *gens* se unían en fratrías (hermandades), y la asociación de fratrías constituía la tribu. Fuente: www.filosofia.org/enc/ros/gens.htm

la división de la sociedad en clases, las relaciones de control y sujeción personal y, en consecuencia, la existencia del Estado, de la política, del derecho, etc. (…). Aunque, si bien la técnica depende principalmente de la condición de la ciencia, es aún más cierto que la ciencia depende de la condición y las necesidades de la técnica. Una necesidad técnica sentida por la sociedad es un mayor impulso para la ciencia que diez (10) universidades.[89]

Por lo tanto, el término *técnico* debe ampliarse para incluir toda la serie de relaciones entre la producción y el consumo. Por esta razón no hablamos tanto de la *interpretación técnica de la historia* (lo que llevaría a malentendidos) como sí de la *interpretación económica de la historia*.

La comunidad gentilicia es el conjunto social que corresponde a la sociedad primitiva, a la barbarie. En estas no existe la propiedad privada ni el Estado. La base es la *gens*, grupos unidos por lazos de sangre o parentesco, familiares. Existen cuatro grados: el clan, la fratría, la tribu y la confederación de tribus. Fuente: Introducción a las ciencias sociales. Universidad de América. http://ual.dyndns.org/Biblioteca/Bachillerato/Int_Ciencias_Sociales/Pdf/Sesion_04.pdf

[89] «Por las condiciones económicas, que consideramos la base determinante de la historia de la sociedad, entendemos la forma en que las personas de una sociedad en particular producen su sustento e intercambian los productos entre sí (en la medida en que existe división del trabajo). Por tanto, se incluye toda la tecnología de producción y transporte. Según nuestro entendimiento, esta tecnología determina también el tipo y la naturaleza del intercambio, la distribución de los productos y, además, tras la disolución de la sociedad gentilicia, también la división de clases; las relaciones de dominación y servidumbre y, por consiguiente, el Estado, la política, el derecho, etc. Si la tecnología, como dicen, depende en gran medida del estado de la ciencia, esta depende aún más del estado y las necesidades de la tecnología. Si la sociedad tiene una necesidad técnica, esto ayudará a que la ciencia avance en más de diez universidades». Carta de 1894 en *Der Sozialistische Akademiker (El Académico Socialista)*, 1895, pág. 373. Reimpresa en L. Woltmann, *Der Historische Materialismus (Materialismo histórico)*, 1900, pág. 248.

Además, los creadores de la teoría van aún más lejos. Cuando hablan de la concepción materialista o económica de la historia, no sólo se niegan a identificar lo *económico* con lo *técnico* en sentido estricto, sino que ni siquiera quieren dar a entender que lo *económico* excluya los factores físicos. Es obvio, por ejemplo, que las condiciones geográficas, en cierta medida y bajo ciertas circunstancias, afectan a las condiciones de producción. *Buckle*, al señalar este punto, estaba completamente de acuerdo con *Marx,* pero las condiciones geográficas, como el propio *Marx* ha sostenido, constituyen sólo los límites dentro de los cuales pueden actuar los métodos de producción. Si bien un cambio de condiciones geográficas puede impedir la adopción de nuevos métodos de producción, precisamente las mismas condiciones geográficas son a menudo compatibles con métodos de producción completamente diferentes. Así, *Marx* nos ilustra:

> *No es la mera fertilidad del suelo, sino la diferenciación del suelo, la variedad de sus productos naturales, los cambios de las estaciones, lo que forma la base física de la división social del trabajo y que, mediante cambios en el entorno natural, impulsa al hombre a multiplicar sus necesidades, sus capacidades, sus medios y modos de trabajo: es la necesidad de poner una fuerza natural bajo el control de la sociedad, de economizarla, de apropiarla o someterla en gran escala por el trabajo de la mano del hombre, lo primero que juega el papel decisivo en la historia de la industria.[90]*

---

[90] *El capital* (traducción al inglés), pág. 523.

No obstante, continúa explicando que *«las condiciones naturales favorables por sí solas nos dan sólo la posibilidad, nunca la realidad»* de métodos económicos definidos de producción y distribución de la riqueza. De la misma manera, *Engels* admite que la base geográfica debe incluirse al enumerar las condiciones económicas, pero sostiene que no se debe exagerar su importancia.

Aunque esta no es de ninguna manera la elaboración más importante de la teoría. En el intervalo transcurrido entre la primera exposición de la teoría en los años cuarenta (1840) y la muerte de *Marx,* los fundadores de la doctrina tenían pocos motivos para moderar sus declaraciones. Sin embargo, después de la muerte de *Marx,* y especialmente cuando la teoría comenzó a ser discutida activamente en los congresos socialdemócratas, las afirmaciones extremas de los marxistas ortodoxos comenzaron a despertar disidencias incluso en las filas de los propios socialistas.

En parte como resultado de lo anterior y en parte debido a las críticas externas, *Engels* escribió una serie de cartas en las que se esforzó en formular su exposición de la teoría de manera que respondiera a algunas de las críticas. En estas cartas[91] sostenía que

---

[91] Las cartas de Engels, escritas a varios corresponsales entre 1890 y 1894, aparecieron originalmente en dos periódicos, el *Leipziger Volkszeitung (El Periódico Popular),* n.º 250 (1895); y *Der Sozialistische Akademiker (El Académico Socialista),* 1 y 15 de octubre de 1895. Se han reimpreso, aunque no todas en un solo lugar, por Woltmann, en *Der Historische Materialismus (Materialismo histórico),* 1900, págs. 242 a 250; por Masaryk, en *Die Grundlagen des Marxismus (Los fundamentos del marxismo),* 1899, pág. 104; por Mehring, en *Geschichte der Deutschen Sozialdemokratie (Historia de la socialdemocracia alemana),* 2ª parte (2ª ed.), pág. 556; y por Greulich, en *Uder die Materialistische Geschickts-auffassung (Acerca de la visión materialista de la historia),* 1897, pág. 7.

a menudo se había malinterpretado a *Marx* y que ni él mismo ni *Marx* pretendieron jamás reclamar una validez absoluta para las consideraciones económicas con exclusión de todos los demás factores. Señalaba que las acciones económicas no son sólo acciones físicas, sino acciones humanas, y que el hombre actúa como agente económico mediante el uso tanto de su cabeza como de sus manos.

Por supuesto, el desarrollo mental de las personas se ve afectado por muchas condiciones; en un momento dado, la acción económica del individuo está influenciada por todo su entorno social, en el que han jugado un papel importante muchos factores. *Engels* confesó que *Marx* y él eran «*en parte responsables del hecho de que los jóvenes a veces hayan puesto más énfasis en el aspecto económico de lo que merecía*», y tuvo cuidado de señalar que la forma real de la organización social a menudo está determinada por teorías y concepciones políticas, jurídicas, filosóficas y religiosas. En resumen, cuando leemos la última exposición de sus puntos de vista por parte de uno de los fundadores, casi parece como si toda la teoría de la interpretación económica hubiera sido arrojada por la borda, pero es obvio que esto no sucede.

Sería un error suponer que estas concesiones, por innegablemente significativas que fueran, implicaban en la mente de los líderes un abandono de la teoría. *Engels* continuó enfatizando la importancia fundamental de la vida económica en la vida social en general. Los defensores de la doctrina nos recuerdan que, cualesquiera que sean la acción y la reacción de las fuerzas sociales en un momento dado, son las condiciones de producción, en el sentido más amplio del término, las principales responsables de los cambios básicos permanentes en las condiciones de la sociedad.

Así, *Engels* expone que debemos ampliar nuestra concepción del factor económico para incluir entre las condiciones económicas no sólo la base geográfica, sino los restos realmente transmitidos de cambios económicos anteriores, que a menudo han sobrevivido sólo a través de la tradición o por efecto de *vis inertiae* (la fuerza inercial), así como todo el entorno externo de esta forma particular. Incluso llega a declarar que la competencia (social) es en esencia un factor económico. Y si bien todavía sostiene firmemente que el desarrollo político, legal, religioso, literario y artístico se basa en lo económico, señala que todos ellos reaccionan unos sobre otros y sobre la base económica.

> *No es que la situación económica sea la causa, en el sentido de ser el único agente activo, y que todo lo demás sea sólo un resultado pasivo. Se trata, por el contrario, de una acción mutua basada en la necesidad económica, que en última instancia siempre se resuelve sola.* [92]

---

[92] «Además, entre las condiciones económicas se incluyen la base geográfica sobre la cual tienen lugar y los restos realmente transmitidos de etapas anteriores del desarrollo económico que han persistido, a menudo sólo por tradición o por inercia; y, por supuesto, también el entorno que externamente rodea esta forma social».
«Consideramos las condiciones económicas como la última instancia que determina el desarrollo histórico. Pero la raza es en sí misma un factor económico (...). El desarrollo político, jurídico, filosófico, religioso, literario, artístico, etc., se basa en lo económico. Pero todos ellos también reaccionan a la situación entre sí y también a la base económica. No es que la situación económica sea la única causa activa y todo lo demás sea sólo un efecto pasivo. Más bien es una interacción basada en la necesidad económica la que, en última instancia, siempre prevalece (...)». Carta de 1894 en *Der*

Una controversia que ha surgido desde la muerte de *Engels* puede servir para aclarar esta idea. Varios escritores, cuya consulta se sugiere, de los cuales *Gumplowicz*[93] es quizás el más importante, han intentado explicar algunos de los hechos principales del desarrollo humano mediante la existencia de características y contenidos raciales. Se menciona que ahora tenemos una obra interesante de un francés que ni siquiera se declara defensor de la *interpretación económica de la historia* y sostiene, con cierto éxito, que la mayoría de las diferentes características raciales son el resultado de cambios socioeconómicos que, en sí mismos, son atribuibles a causas físico-económicas.

Demolins,[94] el principal representante hoy en día de la escuela de *LePlay,* nunca ha oído hablar (al menos, según se desprende de sus escritos) de *Marx* o de su teoría, y en su obra encontramos muy pocos detalles del conflicto de clases que interesaba principalmente a los socialistas. Pero, si bien *Demolins* retorna en esencia a lo que podría llamarse la explicación comercial y geográfica de la historia, tiene cuidado de señalar cómo las condiciones de la vida física afectan a los métodos y las relaciones de producción, y cómo estos, a su vez, son en gran medida responsables de la diferenciación de la humanidad en los tipos raciales que han desempeñado un papel en la historia. Así, desde su punto de vista, la competencia social es en gran

---

Sozialistische Akademiker (El Académico Socialista).
[93] *Der Rassenkampf (La lucha racial).*
[94] Edmond Demolins, *Comment la Route crée le Type Social. Essai de Géographie Sociale (Cómo la ruta determina el tipo social. Ensayo de geografía social),* s. f. [1901].

medida un producto económico, y comenzamos a comprender lo que quiso decir *Engels* cuando declaró que la competencia misma era un factor económico.

La *teoría de la interpretación económica* así expuesta por *Engels* debe considerarse con autoridad. Nos dice que *Marx* nunca consideró realmente la situación desde otra perspectiva. Sin embargo, no se puede negar que hay pasajes en *Marx* que parecen ser más extremos y que representan la doctrina en esa forma más cruda que tan frecuentemente se encuentra entre sus seguidores acríticos. Estamos obligados, sin embargo, a concederle el beneficio de la duda, y no debemos olvidar que cuando se propone por primera vez una nueva teoría que se supone que implica consecuencias prácticas de largo alcance, las necesidades aparentes de la situación a menudo resultan en una exageración, más que una subestimación, de la doctrina.

Entendemos entonces por la *teoría de la interpretación económica de la historia* no que toda la historia deba explicarse únicamente en términos económicos, sino que las principales consideraciones en el progreso humano son las consideraciones sociales, y que el factor importante en el cambio social es el factor económico.

Así las cosas, la *interpretación económica de la historia* no significa que las relaciones económicas ejerzan una influencia exclusiva, sino que ejercen una influencia preponderante en la configuración del progreso de la sociedad.

Hasta aquí una exposición preliminar del contenido real de la concepción económica de la historia, tal como la explicaron y elaboraron los propios fundadores de esta teoría. En el capítulo siguiente volveremos a este punto e intentaremos analizar algo más de cerca la conexión real entre las relaciones económicas y sociales más amplias de la humanidad.

Capítulo VI

Aplicaciones recientes de la teoría

Procedamos ahora a estudiar algunas de las aplicaciones que se han hecho de la *teoría de la interpretación económica de la historia*. Podemos proseguir este estudio sin perjudicar la decisión final sobre la veracidad de la doctrina en su totalidad, porque es obvio que podemos negarnos a admitir la validez de la teoría como explicación filosófica del progreso en su conjunto y, aun así, estar perfectamente preparados para admitir que en casos particulares el factor económico ha jugado un papel importante. Es natural que la influencia económica en cualquier conjunto dado de hechos sea enfatizada principalmente por aquellos cuya actitud filosófica general los predispondría a buscar causas económicas. No nos sorprenderá, entonces, descubrir que los creadores de la teoría y sus seguidores hayan realizado muchos buenos trabajos en esta dirección.

El propio *Marx* no hizo ninguna contribución digna de mencionar respecto a los hechos. Algunas de sus afirmaciones son erróneas y no pocas de sus explicaciones históricas son rebuscadas y exageradas, pero queda un considerable sustrato de verdad en sus contribuciones al tema. De estas contribuciones, la que más familiar nos resulta es la explicación de la transición de la sociedad feudal a la moderna, debido a la génesis en el siglo XVII del capital como factor industrial dominante y a la Revolución Industrial del siglo XVIII.

Fue *Marx* quien primero señaló claramente la naturaleza del sistema doméstico y su transformación en el sistema fabril de nuestra época, con el consiguiente cambio del mercado local al nacional y de este, a su vez, al mercado mundial. Fue *Marx,* nuevamente, quien llamó la atención sobre la diferencia esencial entre la vida económica de la antigüedad clásica y la de los tiempos modernos, mostrando que, si bien el capital desempeñaba un papel nada insignificante en la antigüedad, era capital comercial y no industrial, y que gran parte de la historia griega y romana debía explicarse a la luz de este hecho. También fue *Marx* quien reveló por primera vez las fuerzas económicas que fueron las principales responsables de los cambios políticos de mediados del siglo XIX.

Finalmente, mientras que *Marx* había dedicado comparativamente poca atención a la civilización primitiva, ahora sabemos por sus notas manuscritas que aplicó su doctrina de manera sugerente a las primeras etapas de la evolución social.[95]

Quizás sea en la historia temprana de la humanidad donde los escritores recientes han hecho los aportes más notables a nuestro conocimiento. El pionero en este campo fue nuestro gran compatriota *Lewis H. Morgan,* quien fue realmente el pri-

---

[95] Estas notas son utilizadas por Engels en su obra *Der Ursprung der Familie, des Privateigenthums und des Staats (El origen de la familia, la propiedad privada y el Estado),* 1884. Ver prefacio a la primera edición.

mero en explicar las tempranas formas de asociación humana y en rastrear la sociedad a través de las etapas de la horda, el clan, la familia y el Estado.

Además, aunque no la desarrolló en detalle ni dio ningún nombre a su teoría, no hay duda de que avanzó de forma independiente con la *doctrina de la interpretación económica de la historia,* sin ser consciente del hecho de que se aplicaba a todo lo que no fueran las primeras etapas de las sociedades antiguas.

Es de anotar que, a causa del gran descuido por parte de escritores posteriores de esta parte de los logros de *Morgan,* es necesario llamar la atención sobre ella con un mayor nivel de detalle. *Lewis H. Morgan* comienza con la cautelosa afirmación de que *«es probable que las grandes épocas del progreso humano se hayan identificado más o menos directamente con la ampliación de las fuentes de subsistencia».*[96] Las grandes épocas de las que habla, sin embargo, cesan, en su opinión, con la introducción de la agricultura de campo.[97] Analiza la suposición de la promiscuidad original en la raza humana y sostiene que, si bien probablemente existió al principio, no es probable que continuara durante mucho tiempo en la horda, porque esta última se dividiría en grupos más pequeños para la subsistencia y caerían en familias consanguíneas.[98]

En su tratamiento de la dependencia del hombre primitivo de las características físicas del suministro de alimentos, aborda a

---

[96] Lewis H. Morgan, *Ancient Society (Sociedad antigua),* 1877. Las siguientes citas son de la edición de 1878, pág. 19. Cf. pág. 9.
[97] *Ibidem,* pág. 26.
[98] *Ibidem,* pág. 418.

su vez la subsistencia natural temprana a base de frutos y raíces, la conexión de la subsistencia de la pesca con el salvajismo y la migración, las relaciones entre el descubrimiento de los cereales, el cese del canibalismo y la dependencia de una dieta de carne y leche, la conexión entre la domesticación de animales y la sociedad pastoril y, finalmente, la transición de lo que él llama horticultura a la agricultura.[99] En todo esto parece que va un poco más allá de *Buckle*. Lo que diferencia completamente a *Morgan* de *Buckle* es el hecho de que, mientras que este último se limita al simple problema de la producción, *Morgan* analiza la influencia de todos estos factores sobre la constitución social y política y atribuye la transformación de la sociedad a los cambios en las condiciones sociales debidos a las formas y condiciones de la propiedad.

Aunque *Morgan* no logró aclarar del todo las causas económicas del temprano rastreo de la descendencia por línea femenina, sí llamó la atención sobre la conexión entre el crecimiento de la propiedad privada y la evolución de la horda hacia el clan o, como él la denomina, la *gens*.[100] Aclaró aún más las causas del cambio de descendencia de la línea femenina a la masculina, mostrando cómo iba de la mano con la extensión de la institución de la

---

[99] *Ibidem,* págs. 20 a 26. Morgan, «Horticulture» (horticultura). Es en realidad lo mismo que la «hoeculture» o «hackculture» que ha aparecido recientemente anunciada por escritores alemanes, como Hahn y Schmoller, como un gran descubrimiento de sus compatriotas. Ambos términos están mal elegidos.

[100] Con la institución de la *gens* vino la primera gran norma sobre herencias, que distribuía los bienes de una persona fallecida entre los miembros de su clan o grupo social. *Ancient Society (Sociedad antigua),* pág. 528.

propiedad privada.[101] El relato del desarrollo de la esclavitud[102] quizás no sea tan novedoso, pero la sugerencia de una base económica para la transición del clan a la familia patriarcal[103] y de la familia poligámica a la monogámica[104] fue tan sorprendente como original.

Si bien *Morgan* no era en modo alguno un economista, y probablemente nunca había oído hablar de *Marx* ni de la *escuela histórica de economía*, su conclusión final sobre las relaciones entre

---

[101] «Después de que los animales domésticos comenzaran a criarse en rebaños y manadas, convirtiéndose así en una fuente de subsistencia y en objetos de propiedad individual, y después de que la labranza hubiera conducido a la propiedad de casas y tierras en plural, seguramente surgiría un antagonismo contra la forma predominante de herencia "gentil" (del clan o del grupo social), porque excluía (en cierta forma) a los hijos del propietario, cuya paternidad estaba cada vez más asegurada, y entregaba sus bienes a sus parientes gentiles. Una lucha por una nueva regla hereditaria que permitiera suceder los bienes entre padres e hijos proporcionaría un motivo suficientemente poderoso para efectuar el cambio. Con la propiedad acumulándose en masa y asumiendo formas permanentes, y con una proporción cada vez mayor de ella en manos de propietarios individuales, la descendencia en la línea femenina era un derrocamiento seguro, y la sustitución de la línea masculina estaba igualmente asegurada. Tal cambio dejaría la herencia en la *gens,* como antes, pero colocaría a los hijos en la *gens* de su padre y a la cabeza de la parentela agnaticia». Lewis H. Morgan, *Ancient Society (Sociedad antigua)*, 1887, págs. 345 y 346. Cf. pág. 531.
[102] *Ibidem*, pág. 341 *et passim.*
[103] La familia patriarcal se resume como «una organización de sirvientes y esclavos bajo un patriarca para el cuidado de rebaños y manadas, para el cultivo de las tierras y para la protección y subsistencia mutuas. La poligamia era incidental». *Ibidem*, pág. 504. Cf. págs. 465 y 466.
[104] «El crecimiento de la propiedad y el deseo de transmitirla a los hijos fue en realidad el poder impulsor que trajo la monogamia para asegurar herederos legítimos y limitar su número a la progenie real de la pareja casada». *Ibidem*, pág. 477. «Tal como finalmente se constituyó, la familia monogámica aseguraba la paternidad de los hijos, sustituía la propiedad conjunta de bienes muebles e inmuebles por la propiedad individual y una herencia exclusiva de los hijos en lugar de la herencia agnaticia». *Ibidem*, pág. 505. Cf. pág. 389.

la propiedad privada y el bienestar social concuerda sustancialmente con las opiniones modernas. Él nos expone lo siguiente:

> Desde el advenimiento de la civilización, el crecimiento de la
> propiedad ha sido tan inmenso, sus formas tan diversificadas, sus
> usos tan expansivos y su gestión tan inteligente en interés de sus
> propietarios que se ha convertido, por parte del pueblo, en un poder
> ingobernable. La mente humana queda desconcertada ante la pre-
> sencia de su propia creación. Llegará, sin embargo, el tiempo en que
> la inteligencia humana alcanzará el dominio sobre la propiedad y
> definirá las relaciones del Estado con la propiedad que protege, así
> como las obligaciones y los límites de los derechos de sus propietarios.
> Los intereses de la sociedad son primordiales sobre los intereses indi-
> viduales y ambos deben establecer relaciones justas y armoniosas.[105]

No obstante, la mayor parte del libro de *Morgan,* así como de
sus otras obras,[106] estuvo dedicada a una explicación de los hechos
históricos mismos, más que al análisis de sus causas económicas.
La controversia que inmediatamente surgió en Inglaterra, y que
ha durado casi hasta el presente, giró casi exclusivamente sobre el
primer conjunto de consideraciones, por lo cual, cuando los científicos no estaban de acuerdo sobre los hechos, por supuesto, parecía
inútil especular sobre las causas de esos hechos. La tendencia dada

---

[105]   *Ancient Society (Sociedad antigua),* pág. 552.
[106]   *The League of the Iroquois (La liga de los iroqueses),* 1849 (reimpreso en 1902);
*Systems of Consanguinity and Affinity of the Human Family (Sistemas de consanguinidad y
afinidad de la familia humana),* 1871; y *Houses and House Life of the American Aborigines
(Casas y vida doméstica de los aborígenes americanos),* 1881.

a la discusión por esta temprana controversia es en gran medida responsable del hecho de que hasta hace muy poco los escritores de sociología o historia social hayan descuidado casi por completo el aspecto económico de las transiciones que describen.[107]

Conviene agregar que, aunque algunas partes de la teoría de *Morgan* (como los detalles relativos a las familias consanguíneas más antiguas y la generalización quizás algo apresurada sobre la promiscuidad primitiva) han sido modificadas, la esencia de su explicación de la formación del clan materno y de su evolución hacia la tribu y el Estado, así como la dependencia de la transición de los cambios en las formas de propiedad, se ha incorporado al material aceptado por la ciencia moderna.

También cabe destacar que no fue hasta que los defensores alemanes de la *interpretación económica de la historia* abordaron el asunto que se reconoció la verdadera importancia de *Morgan*. Es así como *Engels* publicó en 1884 su obra *Origin of the Family (Origen de la familia)*, en la que demostraba que las opiniones de *Morgan* marcaban un claro avance con respecto a las de *Bachofen* y *McLennan* y afirmaba que los arqueólogos ingleses de la época

---

[107]   Esto es cierto en el caso de McLennan, Westermaarck, Starcke, Tyler, Lumholtz, Post y muchos otros. Lo mismo es cierto, aunque en menor medida, en el caso de mi honorable colega, el profesor Giddings. Casi el único pasaje de importancia para nuestros propósitos en su obra *Principles of Sociology (Principios de sociología)*, de 1896, es el de la página 266: «Parece ser una condición económica que en las comunidades más bajas se determinara la duración del matrimonio y probablemente también la línea de descendencia a través de la madre o el padre». Cf., sin embargo, además, las páginas 276, 288 y 296. En un artículo más reciente, el profesor Giddings admite sustancialmente que «se puede considerar que estos escritores [Marx y sus seguidores] han cumplido su principal argumento». *International Monthly (Publicación Mensual Internacional)*, II (1900), pág. 548.

realmente habían adoptado la teoría de *Morgan* sin reconocerle crédito alguno. Además, pasando de la explicación del desarrollo a sus causas, *Engels* aceptó todas las conclusiones de *Morgan* sobre la sociedad uterina temprana y el desarrollo de la monogamia, pero las llevó un paso más allá combinando, como él mismo nos dice, a *Morgan* y a *Marx*.

Frederick Engels atribuyó la transformación de la sociedad *gentil* a la primera gran división social del trabajo: la separación de las tribus pastoriles del resto de la sociedad. Esto en sí mismo dio origen al intercambio intertribal como factor permanente en la vida económica, y no se tardó demasiado para que el intercambio intertribal condujera al trueque entre individuos, principalmente de ganado y productos naturales. Con el paso de la propiedad común a la privada, en principio de los bienes muebles, se preparó el terreno, por un lado, para la esclavitud y, por el otro, para la decadencia del matriarcado.

A medida que aumentaba la propiedad privada, se encuentra el segundo gran paso en la división del trabajo: la separación de la industria manual respecto a la agricultura; a su vez, el intercambio tribal se convierte ahora en un intercambio comercial de *commodities* y, con la supremacía económica del varón, aparece el patriarcado y luego la familia monogámica.

Finalmente, llega el tercer paso en la división del trabajo: el surgimiento de la clase mercantil, con la utilización del dinero metálico. El crecimiento del capital, incluso si se trata de capital mercantil (a diferencia del capital ganadero original), introduce un estado de cosas que la antigua organización gentilicia ya no puede afrontar; y así encontramos el origen de la organización política, la génesis del Estado. En Grecia, en Roma y en las razas teutónicas de la Alta Edad Media esta transición es un hecho histórico, pero nadie antes de *Morgan* y *Engels* había podido explicarlo de manera inteligible.

Las tesis expuestas por *Morgan* y *Engels* han sido elaboradas por varios escritores, pocos de los cuales pueden ser clasificados como socialistas. Al principio, los sociólogos profesionales prestaron poca atención al asunto. Con *Kovalevsky,* en 1890, se inició el análisis por parte de quienes intentaban demostrar una conexión algo más estrecha entre la evolución de la familia y la propiedad privada.[108] En 1896, *Grosse* dedicó un volumen separado al tema,[109] destacando algunos puntos nuevos en relación con la influencia de las condiciones económicas sobre el carácter de la familia, especialmente en el caso de los pueblos nómadas y los primeros agricultores. Ese mismo año, el profesor *Hildebrand* publicó una obra admirable sobre *Law and Custom in the Different Economic Stages (Derecho y costumbres en las diferentes etapas de la economía),* en la que, sin descuidar las primeras fases de la vida social, puso énfasis en la base económica de la comunidad agrícola primitiva.[110]

---

[108]   Maxime Kovalevaky, *Tableau des origens et de l'évolution de la famille et de la propriété (Cuadro de orígenes de la evolución de la familia y de la propiedad).* Escrito por Lorenska Stiftelsen (Estocolmo, 1890).

[109]   *Die Formen der Familie und die Formen der Wirthschaft (Las formas de la familia y las formas de la economía),* 1896.

[110]   *Recht und Sitte auf den Verschiedenen Wirthschaftlichen Kulturstufen (Derecho y costumbres en los diferentes niveles de la cultura económica),* primera parte, 1896.

Para el período anterior, *Heinrich Cunow* había realizado un trabajo digno de mención. Después de haber preparado el camino mediante un estudio de los sistemas de consanguinidad entre los australianos,[111] *Cunow* publicó en 1898 una serie de artículos sobre las bases económicas del matriarcado,[112] subrayando la debilidad esencial, desde el punto de vista histórico, de la clasificación ordinaria en etapas de caza, pastoreo y agricultura.[113]

Llegados a este punto, conviene hacer una precisión. A partir de la etapa de caza, *Cunow* sostiene que la forma más temprana de organización descansa en la supremacía del hombre, que no es en modo alguno lo mismo que la supremacía del padre, porque la familia poligámica o monogámica que forma la base del sistema patriarcal tuvo un desarrollo mucho más tardío. En las primeras etapas podemos tener una sociedad uterina, es decir, un rastro de descendencia a través de la madre, pero no tenemos

---

[111] *Die Verwandschaftsorganisatianen der Australneger (Las organizaciones de parentesco de los negros australianos)*, 1894.

[112] «Die okonomischen Grundlagen der Mutterherrschaft» («Fundamentos económicos del gobierno materno»), en *Die Neue Zeit (El Nuevo Tiempo)*, XVI, pág. 1. La versión francesa apareció en *Le Devenir Social (La Evolución Social)*, V (1898), págs. 42, 146 y 330, bajo el título «Les bases économiques du matriarcat» («Las bases económicas del matriarcado»).

[113] *Die Neue Zeit (El Nuevo Tiempo)*, XVI, pág. 108. Cunow, sin embargo, no nos recuerda que todo esto había sido señalado en 1884 por Dargun en su admirable estudio, que no es tan conocido como debería ser, «Ursprung und Entwicklungsgeschichte des Eigenthums» («Origen y desarrollo de la propiedad»), publicado en *Zeitschrift für Vergleichende Rechtswissenschaft (Diario de Jurisprudencia Comparada)*, V, especialmente en las páginas 59 a 61. El profesor Giddings, en su artículo del *Political Science Quarterly (Revista Trimestral de Ciencia Política)* de junio de 1901 (XVI, 204), alude a la teoría más antigua basada en «la filosofía de la historia de la madre Gansa». Dargun y Cunow son los escritores que nos han emancipado.

un matriarcado.[114] *Cunow* aporta las razones económicas, lo que explica este seguimiento de la descendencia a través de la mujer, y muestra cómo, bajo ciertas condiciones, ella es mucho más solicitada hasta que finalmente alcanza tal importancia económica que se desarrolla el propio matriarcado.[115] De paso, rastrea la conexión entre la mujer y la agricultura primitiva y explica cómo su creciente importancia, tanto dentro como fuera del hogar, ejerció una influencia decisiva sobre la temprana división del trabajo. Se muestra muy claramente que el matriarcado es en gran medida un producto económico.[116]

En 1901, *Cunow* siguió su exposición con otra serie de ensayos sobre «*The Division of Labor and the Rights of Women*» («*La división del trabajo y los derechos de la mujer*»),[117] en los cuales señala el error de la afirmación habitual de que la agricultura es una condición previa a la desaparición de la vida nómada. Por el contrario, sostiene *Cunow*, un cierto grado de actividad sedentaria estacionaria es una condición previa a la transición a la agricultura.[118] La agricultura, sin embargo, puede desarrollarse a partir de la etapa pastoril o fuera de la etapa de caza, y en cada caso la actividad de la hembra es de suma importancia. La mujer no es sólo la primitiva cultivadora de la tierra, sino también la

---

[114] *Die Neue Zeit (El Nuevo Tiempo)*, XVI, pág. 115.
[115] *Die Neue Zeit (El Nuevo Tiempo)*, págs. 141, 176 y 209.
[116] *Ibidem,* págs. 238 y 241.
[117] «Arbeitstheilung und Frauenrecht; zugleich ein Beitrag zur materialistischen Geschichtsauffassung» («División del trabajo y derechos de las mujeres; al mismo tiempo, una contribución a la concepción materialista de la historia»), en *Die Neue Zeit (El Nuevo tiempo)*, XIX, pág. 1.
[118] *Ibidem,* pág. 103.

creadora de la primera industria doméstica, que desempeña un papel tan distintivo en el trueque primitivo.[119] La primera división del trabajo se basa en el principio de que la mujer se ocupa del sustento vegetal, el hombre de la dieta animal, y sobre esta distinción fundamental se construyen todos los demás acuerdos sociales. El matrimonio, durante mucho tiempo, no es una comunidad ética de intereses ideales, sino en gran medida una relación económica o laboral.[120]

Del mismo carácter que esta investigación son los intentos realizados aún más recientemente para proporcionar una explicación económica del origen del *totemismo*[121] y estudiar las causas económicas de la esclavitud.

Especialmente en este último tema, nuestro conocimiento de las condiciones tempranas ha aumentado considerablemente gracias al estudio detallado de *Nieboer*.[122] En efecto, *Nieboer*, quien acepta la teoría del brillante economista italiano *Loria,* ha derribado muchas de las nociones anteriores sobre el tema y ha

---

[119]   *Ibidem,* págs. 152 y 180.

[120]   *Ibidem,* pág. 276.

[121]   Julio Pikler, *Der Ursprung des Totemismus; ein Beitrag zur Materialistischen Geschichtstheorie (El origen del totemismo: una contribución a la teoría materialista de la historia),* Berlín, 1900. Frazer, en *Fortnighly Review for 1899 (Revista Quincenal de 1899),* y el profesor Giddings, en una nota sobre «The origin of Totemism and Exogamy» («El origen del totemismo y la exogamia») publicada en *Annals of the American Academy of Political and Social Science (Anales de la Academia Estadounidense de Ciencias Políticas),* XIV, pág. 274, han dado una interpretación algo diferente, pero igualmente «materialista».

[122]   H. J. Nieboer, *Slavery as an Industrial System (La esclavitud como sistema industrial),* La Haya, 1900. Véase la reseña de este trabajo en *Political Science Quarterly (Revista Trimestral de Ciencias Políticas),* septiembre de 1901.

estudiado la esclavitud no sólo como lo ha hecho la mayoría de los escritores, en la etapa agrícola de la sociedad, sino también en la caza, en las etapas de pesca y pastoreo.

Volviendo al último período de la antigüedad clásica, *Ciccotti* arrojó considerable luz sobre el origen y el desarrollo de la esclavitud en Grecia, así como en Roma, y trazó la conexión entre este hecho fundamental y toda la historia política y social.[123] Otros escritores, como *Francotte*[124] y *Pöhlmann*,[125] han considerado más detalladamente la situación económica de Grecia y su influencia en las condiciones nacionales e internacionales.

En el caso de la historia romana, la relación entre la cuestión agraria y el progreso nacional siempre había sido tan obvia que historiadores como *Friedrich Nietzsche* y *Wolfgang J. Mommsen* no tuvieron que esperar al surgimiento de la escuela de interpretación económica. Incluso en el caso de Roma, desde entonces se ha hecho un buen trabajo, especialmente en el período imperial, al enfatizar la influencia controladora de los factores económicos sobre el desarrollo general.[126]

---

[123] Ettore Ciccotti, *Il Tramonto della Schiavitù nel Mondo Antico (Decadencia de la esclavitud en el mundo antiguo)*, Turín, 1899. El sugerente esbozo de todo el tema hecho por Eduard Meyer en su discurso *Die Sklaverei im Alterthum (La esclavitud en la antigüedad)*, de 1898, se afecta en algunos puntos importantes por el hecho de que el reconocido historiador sólo conoce de manera imperfecta los resultados de los estudios económicos más recientes.

[124] Francotte, *L'Industrie dans la Grèce Ancienne (La industria en la Grecia antigua)*, 1901.

[125] Pöhlmann, *Geschichte des Antiken Sozialismus und Communismus (Historia del antiguo socialismo y comunismo)*, 1901.

[126] Cf. la serie de ensayos de Paul Ernst sobre «Die sozialen Zustände im römischen Reiche vor dem Einfall der Barbaren» («Las condiciones sociales en el Imperio ro-

De igual manera, escritores como *Beer* y *Mehring*[127] han sacado a relucir algunos puntos descuidados de la historia de la antigüedad hebrea.

Cuando llegamos a períodos más recientes de la historia, encontramos una gran cantidad de riquezas. Las fuerzas económicas que contribuyeron a configurar la transición de la sociedad feudal a la moderna son tan obvias que los historiadores llevan algún tiempo insistiendo en la interpretación económica casi sin saberlo. Esto es cierto, por ejemplo, en el tratamiento del sistema militar, que *Bürkli* ha descrito claramente en su relato de la transición en Suiza.[128] Uno de los historiadores belgas más destacados, *Des Marez,* ha expresado recientemente su convicción de que nadie puede investigar las causas más profundas que han influido en los pueblos entre el Rin y el mar del Norte sin darse cuenta de que son sobre todo las condiciones económicas, y no

---

mano antes de la invasión de los bárbaros»), en *Die Neue Zeit (El Nuevo Tiempo)*, XI (1893), pág. 2; y el sugerente libro de Deloume *Les Manieurs d'Argent á Roma (Los especuladores con la plata en Roma)*, 1892.

[127] M. Beer, «Ein Beitrag zur Geschichte des Klassenkampfes im hebraischen Alterthum» («Una contribución a la historia de la lucha de clases en la antigüedad hebrea»), en *Die Neue Zeit (El Nuevo Tiempo)*, XI (1893), I, pág. 444. Para estudios similares de Kautslty y Lafargue, véase Franz Mehring, *Die Lessing-Legende (La leyenda de Lessing)*, pág. 481.

[128] Karl Bürkli, *Der Wahre Winkelried; die Taktik der Alten Urschweizer (El verdadero Winkelried: las tácticas de los antiguos suizos)*. Véanse especialmente las páginas 143 y 184. Cf. también, del mismo autor, *Der Ursprung der Eidgenossenschaft aus der Markgenossenschaft und die Schlacht am Morgarten (El origen de la Confederación a partir de la Markgenossenschaft y la batalla de Morgarten)*, 1891. En esta monografía se hace hincapié en el origen económico de la democracia suiza en general.

factores raciales, lingüísticos u otros, las que han determinado el progreso nacional.[129]

La visión más nueva ha llevado a los investigadores a acentuar el factor económico no sólo en las cruzadas,[130] sino también en la Reforma, con la victoria del calvinismo y el puritanismo.[131]

Adicionalmente, los propios historiadores profesos (religiosos) han estado tan influidos por el movimiento que *Lamprecht,* uno de los eruditos alemanes más distinguidos, ha hecho recientemente del factor económico el fundamento mismo de todo el desarrollo político y social de la Alemania medieval.[132] En el enconado

---

[129]   G. Des Marez, *Les Luttes Sociales en Flandre au Moyen Âge (Las luchas sociales en Flandes en la Edad Media),* 1900, pág. 7.

[130]   Cf. el artículo de Prutz «The Economic Development of Western Europe Under the Influence of the Crusades» («El desarrollo económico de Europa occidental bajo la influencia de las cruzadas»), en *The International Monthly (Periódico Mensual Internacional),* IV (agosto de 1901), 2, pág. 251.

[131]   Véase especialmente Engels, *Der deutsche Bauernkrieg (La lucha de los campesinos alemanes);* el ensayo de Bernstein sobre «The Socialistic Currents during the English Revolution» («Las corrientes socialistas durante la Revolución inglesa), en *Die Geschichte des Sozialismus in Einzeldarstellungen (Historia del socialismo en representaciones individuales),* I, 2, y publicado como obra separada bajo el título *Communistische und Demokratisch-socialistische Strömungen in der Englischen Revolution des XVII Jahrhunderts (Corrientes comunistas y socialistas demócratas en la Revolución inglesa del siglo XVII),* 1895; Kautsky, *Communism in Central Europe in the Time of the Reformation (El comunismo en Europa central en la época de la Reforma),* 1879; y el estudio de Belfort Bax sobre «The Social Side of the German Reformation» («El aspecto social en la reforma alemana»), del que hasta ahora han aparecido dos volúmenes con los títulos *German Society at the Close of the Middle Ages (La sociedad alemana al final de la Edad Media),* 1894, y *The Peasants' War (La lucha de los campesinos),* 1899.

[132]   Lamprecht, *Deutsche Geschichte (Historia alemana).* Pocos economistas o historiadores económicos negarían, sin embargo, que el profesor Lamprecht ha tenido la mala suerte de seleccionar como importante fenómeno de estudio lo que generalmente se considera un fenómeno secundario y no primario. El cambio de una economía natural a una economía monetaria, que Lamprecht destaca, es en sí mismo

debate que ha engendrado esta audaz medida, y que aún no ha concluido, el triunfo gradual de la nueva tendencia no parece en modo alguno improbable.[133]

Cuando nos acercamos a los siglos más cercanos a nuestra época, casi se ha convertido en un lugar común explicar en términos económicos la transición política de Inglaterra en el siglo XVIII, así como las revoluciones francesa y americana.

Para tomar sólo algunos ejemplos de los más recientes acontecimientos, ya no cabe duda de que la democracia del siglo XIX es en gran medida el resultado de la Revolución Industrial; que toda la historia de los Estados Unidos hasta la guerra civil fue, en el fondo, una lucha entre dos principios económicos; que la insurrección cubana contra España y, por tanto, indirectamente la guerra hispanoamericana fueron el resultado de la situación

---

el resultado de fuerzas económicas antecedentes.

[133] Las opiniones generales de Lamprecht se pueden encontrar en *Alte und Neue Richtung in der Geschichtswissenschaft and Was ist Kulturgeschichte (Viejas y nuevas orientaciones en los estudios históricos y qué es la historia cultural)*, 1896. Una lista de algunos artículos recientes que generan controversia puede encontrarse en Ashley, *Surveys, Historic and Economic (Investigación histórica y económica)*, pág. 29. A estos se puede agregar ahora el artículo de Below en *Historische Zeitschrift (Revista Histórica)*, LXXXVI (1900), I, y los libros franceses de Lacombe, *De L'Histoire considéré comme Sciences (De la historia considerada como ciencia)*, 1894; y Seignobos, *La méthode Historique appliqués aux Sciences Sociales (El método histórico aplicado a las ciencias sociales)*, 1901. Quizás el trabajo más sorprendente de esta naturaleza realizado por un académico estadounidense sea el artículo de E. V. D. Robinson «War and Economics in History and Theory» («Guerra y economía en la teoría de la historia»), en *Political Science Quarterly (Revista Trimestral de Ciencias Políticas)*, XV (1900), págs. 581 a 586.

azucarera; o, finalmente, que la situación actual de la política internacional está dominada por consideraciones económicas.

Por lo tanto, dondequiera que miremos en el laberinto de la investigación histórica reciente, nos enfrentamos a la abrumadora importancia que los estudiosos más jóvenes y capaces atribuyen al factor económico en el progreso político y social.

PARTE II

CRÍTICA DE LA TEORÍA DE LA INTERPRETACIÓN ECONÓMICA

Capítulo I

Libertad y necesidad

Llegamos ahora a la parte más importante del tema, a saber, la consideración de las objeciones que se han planteado a la doctrina que aquí se discute. Algunas de estas objeciones, como veremos más adelante, son realmente importantes, pero otras poseen sólo una validez parcial. Sin embargo, los críticos de la interpretación económica suelen poner el énfasis en los argumentos débiles, más que en los sólidos. Será aconsejable, entonces, considerar primero y con mayor detalle algunas de estas supuestas objeciones, reservando para un tratamiento posterior aquellas críticas que posean mayor fuerza.

Entre las críticas comúnmente formuladas, las más habituales pueden resumirse como sigue: primero, que la teoría de la *interpretación económica* es una teoría fatalista, opuesta a la doctrina del libre albedrío y que pasa por alto la importancia de los grandes hombres de la historia; segundo, que se basa en el supuesto de *«leyes históricas»* cuya existencia misma es cuestionable; tercero, que es socialista; cuarto, que descuida las fuerzas éticas y espirituales de la historia; quinto, que conduce a exageraciones absurdas.

Se observará que estas críticas se dividen en dos categorías. Una categoría se opone no sólo a la *interpretación económica de la historia,* sino a la interpretación social general de la historia. La otra clase de objeciones no niega que las fuerzas que controlan el progreso sean de carácter social, pero sostiene que no debemos confundir las consideraciones económicas con las sociales y que el factor económico no tiene más importancia que cualquiera de los otros factores sociales. En la lista anterior, la primera y la segunda crítica deben incluirse en la primera categoría; la tercera y la quinta en esta última; mientras que la cuarta crítica es tan amplia que cae parcialmente en cada categoría.

Comenzamos con la primera clase de críticas porque algunos escritores piensan que están refutando triunfalmente la *interpretación económica de la historia,* cuando en realidad están dirigiendo sus armas contra una estructura de ideas mucho más amplia, algo que a muy pocos de los oponentes de la *interpretación económica de la historia* les gustaría ver demolido.

Seguidamente consideramos la objeción de que la doctrina es fatalista, que se opone a la teoría del libre albedrío y que pasa por alto la importancia de los grandes hombres en la historia.[134] Es obvio que este no es el lugar para entrar en una discusión filosófica general sobre el determinismo. Para nuestros propósitos es suficiente afirmar que si por libertad de voluntad entendemos

---

[134]   El profesor Ashley, por ejemplo, resuelve toda la cuestión en «otra forma del eterno problema del universo: necesidad o libre albedrío». *Surveys, Historic and Economic (Investigación histórica y económica)*, pág. 26. El Sr. Bonar, en su moderado e interesante artículo sobre el tema, parece acercarse peligrosamente a esta posición al hablar de la «impotencia» de la sociedad. Véase «Old Lights and new in Economic Study» («Viejas y nuevas luces en el estudio económico»), en *Economic Journal (Diario Económico)*, VIII, pág. 444.

simplemente el poder de decidir sobre una acción, no hay ningún choque necesario con la doctrina de la interpretación económica o social. La negación de esta afirmación implica una falacia, que en sus aspectos generales ha sido claramente descartada por *Huxley:*

> *La mitad de las controversias sobre el libre albedrío (…) se basan en la absurda presunción de que la proposición «puedo hacer lo que quiera» es contradictoria con la doctrina de la necesidad. La respuesta es: nadie duda de que, al menos dentro de ciertos límites, puedes hacer lo que quieras. Pero ¿qué o quién determina tus gustos y disgustos? (…)*
>
> *La afirmación apasionada de la conciencia de su libertad, que es el refugio favorito de los oponentes de la doctrina de la necesidad, es mera inutilidad, porque nadie la niega. Lo que realmente tienen que hacer, si quieren desvirtuar el argumento necesario, es demostrar que son libres de asociar cualquier emoción con cualquier idea y que les gusta tanto el dolor como el placer; tanto el vicio como la virtud. En resumen, demostrar que, cualquiera que sea la fijeza del orden del universo de las cosas, la del pensamiento está entregada al azar.*[135]

En otras palabras, todo hombre tiene fuerza de voluntad y puede decidir actuar o abstenerse de actuar, demostrando así que, en este sentido, es un agente libre. Pero ya sea que decida de una manera o de otra, hay ciertas causas que operan dentro de su organismo y que son responsables de la decisión.

---

[135] Thomas Henry Huxley, *Hume, with Helps to the Study of Berkeley (Hume, con ayuda al estudio de Berkeley)*, cap. X, en *Huxley's Collected Essays (Ensayos completos de Huxley)*, vol. VI, pág. 220.

La función de la ciencia es determinar cuáles son estas causas. Todo lo que sabemos hasta ahora es que cada hombre es lo que es debido a la influencia del entorno, pasado o presente. No es necesario entrar aquí en las disputas biológicas entre los *weissmannistas*[136] y los *neolamarckianos*;[137] porque, ya sea que creamos con los primeros que el único factor en progreso es el poder de la selección natural para transmitir y fortalecer las características congénitas o con los segundos que las características adquiridas también se heredan, estamos tratando en cada caso con la operación de alguna forma del entorno pasado. Ni los *weissmannistas* ni los *neolamarckianos* niegan el hecho obvio de la influencia del entorno actual sobre el individuo como tal.

Por lo tanto, dado que el hombre, como todo lo demás, es lo que es debido a su entorno, pasado y presente, es decir, el entorno de sus antepasados, así como el suyo propio, está claro que si conociéramos todos los hechos de su entorno pasado y presente deberíamos estar en una posición mucho mejor para predecir con cierto grado de precisión las acciones de cada ser humano. Aunque un hombre es libre de robar o no robar, incluso ahora

---

[136] En referencia a los partidarios de las teorías de August Weismann, quien formuló en 1893 la teoría, ya superada, del plasma germinal. «Al trazar una distinción entre células somáticas y células germinales, afirma que las modificaciones producidas en las células somáticas de los organismos de los padres no son heredadas a los hijos». Fuente: Mariana Córdoba en su artículo «Desarrollo progresivo de la ciencia sin continuidad referencial». Dialnet (consulta: 4 de enero de 2024).

[137] Se refiere a los seguidores de las teorías del naturalista Jean Baptiste Lamarck (1744-1829). «El lamarckismo determinó que los organismos cambian gradualmente, una idea novedosa y controversial para su tiempo. Fue el primero en negar la invariabilidad de las especies, es decir, que realmente todas las especies están en constante cambio». Fuente: www.bbvaopenmind.com (consulta: 4 de enero de 2024).

podemos predecir con seguridad que, en circunstancias normales, un hombre honesto no robará. Sus características congénitas y adquiridas son tales que bajo ciertas condiciones siempre elegirá un determinado curso de acción.

En el caso del entorno físico, la cuestión es relativamente sencilla. Si bien un esquimal puede ser perfectamente libre de andar desnudo, no es una exageración suponer que ningún esquimal en su sano juicio lo hará mientras permanezca en regiones árticas.

Cuando dejamos el entorno físico y llegamos al entorno social, como necesariamente hacemos al discutir la doctrina de la *interpretación económica,* la esencia del asunto no cambia mucho.

La teoría del entorno social, reducida a sus elementos más simples, significa que, aunque el individuo sea moral e intelectualmente libre de elegir su propia acción, el alcance de sus elecciones estará en gran medida influenciado por las circunstancias, tradiciones, usos y costumbres de la sociedad que lo rodea. Se puede creer individualmente en la poligamia y ser perfectamente libre para decidir si se toma una o dos esposas, pero si se vive fuera de Utah hay muchas posibilidades de que la ley y la costumbre social guíen a la persona hasta el punto de conformarse con una sola cónyuge.

De otro lado, el dicho común de que la religión de un hombre se forma para él ofrece otro ejemplo. El hijo de un mahometano puede elegir convertirse en cristiano, pero es seguro predecir que en el futuro inmediato la gran mayoría de los turcos seguirán siendo mahometanos.

La negación de la teoría del entorno social excluye la concepción misma del derecho en las disciplinas morales. Haría imposible la existencia de estadísticas, jurisprudencia, economía, política, sociología o incluso ética. ¿Qué entendemos por ley social? Ley social significa que entre las innumerables decisiones de los presuntos agentes libres que componen una comunidad dada puede descubrirse una cierta tendencia general o uniformidad de acción, cuya desviación es tan leve que no perjudica la validez esencial de la afirmación general. En una raza de caníbales, la abstención de un salvaje de comer carne humana no influirá en la historia de esa tribu.

En el actual sistema industrial, la oferta por parte de cualquier empleador de duplicar los salarios habituales de sus trabajadores no tendrá ningún efecto apreciable sobre las relaciones generales de trabajo y el capital. Las consideraciones dominantes son siempre las consideraciones sociales. En el fondo, por supuesto, el individuo es la unidad; y cada individuo puede ser concebido, al menos idealmente, como un agente libre. Pero para los individuos que viven en sociedad las teorías que influyen en el progreso son las elecciones sociales, es decir, las elecciones de la mayoría.

Por lo tanto, la decisión de cualquier individuo es importante sólo en la medida en que su influencia resulte preponderante sobre la gran mayoría; y entonces ya no es un juicio individual, sino el de la mayoría del grupo social.[138]

---

[138] Sobre una aplicación de la doctrina a la teoría de la economía, ver un artículo del autor sobre «Social Elements in the Theory of Value» («Elementos sociales en la teoría del valor»), en el *Quarterly Journal of Economics (Revista Trimestral de Economía)*, junio de 1901.

Esta es la razón por la cual la *teoría del gran hombre* de la historia casi ha desaparecido. De hecho, nadie niega el valor de los grandes hombres ni la importancia vital de lo que *Matthew Arnold* llama el remanente. Sin los pensamientos más elevados y las acciones decisivas de los grandes líderes, el progreso del mundo, sin duda, se habría retrasado considerablemente. Pero pocos pasan por alto ahora la dependencia esencial del *gran hombre* del entorno social más amplio en el que se ha desarrollado.[139]

Aristóteles, el pensador más grande de la antigüedad, defendió la esclavitud porque en ese momento la esclavitud era una parte integral de todo el tejido de la civilización griega. Un *Thomas Jefferson* sería tan imposible en Turquía como un *Konstantín Pobedonóstsev* en los Estados Unidos. *Fidias* es tan impensable en China como *Leonardo* en Canadá. Por otra parte, los efectos atribuidos a los *grandes hombres* son a menudo en gran medida el resultado de fuerzas de las que ellos solamente fueron vehículos fortuitos. *César* erigió el Imperio romano, pero sin duda el imperio habría llegado finalmente con o sin *César. Napoleón* transformó en su momento la faz de Europa, pero la Francia de hoy con toda probabilidad habría sido, en esencia, la misma si *Napoleón* nunca hubiera existido. Sin duda, *Washington* y *Lincoln* ejercieron la influencia más profunda en su época, pero no cabe duda de que

---

[139] En su interesante ensayo sobre *Great Men and their Environment (Grandes hombres y su entorno)*, el profesor William Jams dice muchas cosas que merecen asentimiento, especialmente en relación con la interpretación geográfica de la historia, pero pasa por alto el punto principal, aunque lo insinúa en las páginas 226 y 227. Ver *The Will to Believe and Other Essays (La voluntad de creer y otros ensayos)*, 1897.

al final la Revolución habría tenido éxito y la rebelión habría fracasado aunque *Washington* y *Lincoln* nunca hubieran existido.

Si bien su aparición en un momento determinado nos parece una cuestión del azar, el *gran hombre* influye en la sociedad sólo cuando la sociedad está preparada para él. Si la sociedad no está preparada, se le llama no un *gran hombre,* sino un visionario o un fracasado.

Así como en la vida animal el fenómeno o el deporte funcionan a través de la selección natural fijada por el medio ambiente, en la vida humana el *gran hombre* sólo puede triunfar en forma permanente si el entorno social está maduro. Los biólogos nos dicen que la variación en la especie es la causa de todo progreso, pero que el límite extremo de variación exitosa del tipo parental en cualquier caso no excede un pequeño porcentaje.

El *gran hombre* representa el límite extremo de variación exitosa en la raza humana. Es a él a quien el progreso parece deberse en gran medida y, de hecho, a menudo se le debe. Pero no debemos olvidar que incluso entonces la gran mayoría de sus características son las de la sociedad que lo rodea, y que es *grande* porque visualiza más fielmente que nadie las tendencias fundamentales de la comunidad en la que se encuentra, y porque expresa con más éxito que otros el verdadero espíritu de la época de la que es la encarnación suprema.[140]

---

[140] Un intento interesante de estudiar en detalle los motivos de la aparición de grandes hombres en un país y en un campo determinado ha sido realizado por A. Odin, profesor de la Universidad de Sofía, en su obra de dos volúmenes *Génèse des Grand Hommes* (*Génesis de grandes hombres*), 1895. El autor se dedica específicamente a los grandes hombres de la literatura francesa y señala que el entorno social y eco-

Por lo tanto, es un planteamiento obviamente incorrecto, en el asunto que nos ocupa, afirmar que la *teoría de la interpretación económica,* o la teoría del entorno social del que se forma parte, es incompatible con la doctrina del libre albedrío. Si por determinismo entendemos erróneamente fatalismo moral, el determinismo no está involucrado en absoluto.[141] Por lo tanto, llamar a la doctrina general *«determinismo económico»,* como se hace ocasionalmente en Francia, es esencialmente erróneo. La teoría del entorno social no implica en modo alguno fatalismo. Los arreglos sociales son arreglos humanos, y los seres humanos son, en el sentido indicado, libres para tomar decisiones y hacer elecciones sociales; pero invariablemente se guiarán en sus decisiones por la suma de ideas e impresiones que les han sido transmitidas a través de la herencia y el entorno. Los *grandes hombres* influyen en la marcha del progreso, aunque sólo pueden hacerlo en la medida en que puedan inducir a la comunidad a aceptar estas nuevas ideas como algo en armonía con su entorno y sus aspiraciones.

Dado un cierto conjunto de condiciones, la gran masa de la comunidad decidirá actuar de cierta manera. El derecho social se basa en la observación de que los hombres elegirán un curso de acción en armonía con lo que conciben como su bienestar,

---

nómico, y no la fuerza de la herencia o del azar, es el factor esencial del fenómeno.
[141] *Das Kapital (El capital),* III, 2, pág. 355. Este pasaje de Marx, citado en ocasiones, no se refiere al problema general del determinismo, como parece pensar Masaryk en *Grundlagen des Marxismus (Fundamentos del marxismo),* pág. 232, sino a la libertad en el sentido de liberación de la necesidad de trabajar todo el día en la fábrica y no tener tiempo para la superación personal.

y en la observación adicional de que la idea misma de una comunidad organizada implica que se encontrará que una mayoría
alberga ideas comunes sobre cuál es su bienestar. Si las condiciones
cambian, las ideas comunes cambiarán con ellas. Las condiciones, en la medida en que son de carácter social, son ciertamente
creadas por los hombres y pueden ser alteradas por los hombres,
de modo que, en última instancia, no hay nada fatalista en el
progreso.[142] Pero, después de todo, son las condiciones las que,
debido a su acción o reacción directa sobre los individuos, son
en un momento dado responsables de la corriente general del
pensamiento social.

Entonces, en la medida en que la *teoría de la interpretación
económica* es simplemente una parte de la doctrina general del
entorno social, la afirmación de que conduce necesariamente a
un fatalismo irracional carece de fundamento. *«Los hombres son
producto de la historia, pero la historia la hacen los hombres»*.[143]

---

[142] Es imposible hablar en términos que no sean respetuosos del profesor James. No
obstante, los límites de nuestra tolerancia casi se alcanzan cuando encontramos una
afirmación tan extrema como esta: «No puedo dejar de considerar las conversaciones
de la escuela sociológica contemporánea sobre promedios y causas generales como el
más pernicioso e inmoral de los fatalismos».Ver el capítulo sobre «The Importance of
Individuals» («La importancia de los individuos»), en *The Will to Believe (La voluntad
de creer)*, pág. 262. Esto aparentemente muestra una concepción errónea y atroz de la
naturaleza misma del derecho social.

[143] Los interesados en el debate de este punto por los socialistas pueden consultar los
artículos de Kautsky, Bernstein y Mehring en *Die Neue Zeit (El Nuevo Tiempo)*, XVII
(1899), 2, págs. 4, 150, 268 y 845. Engels también lo ha abordado varias veces, de
manera más detallada en su carta de 1849 publicada en *Der Sozialistische Akademiker
(El Académico Socialista)*, 1895, pág. 373, y reimpresa en Woltmann, *Der Historische
Materialismus (Materialismo histórico)*, pág. 250.

Capítulo II

Derecho histórico y socialismo

La segunda objeción a la teoría que estamos discutiendo está estrechamente relacionada con la primera. La *interpretación económica de la historia* presupone que existen leyes históricas. Sin embargo, algunos ponen objeciones a esto.

No obstante, aquellos que niegan la existencia de las leyes históricas evidentemente actúan bajo un malentendido. Obviamente, lo que quieren decir es que la afirmación de alguna ley histórica particular es falsa, o que las causas de algún acontecimiento histórico definido son tan complejas y oscuras que es casi imposible formular una explicación general, pero no pueden significar que las leyes históricas no existan. El mero hecho de que no hayamos descubierto una ley no prueba que no la haya.

¿Qué se entiende por ley científica? Una ley es una declaración explicativa de las relaciones reales entre los hechos. Los procesos del pensamiento humano nos permiten clasificar las semejanzas y diferencias en los innumerables fenómenos de la vida y subsumir la unidad subyacente a estas diferencias. Esta unidad se nos da a conocer bajo la apariencia de una relación causal de un fenómeno con otro. Cuando hayamos logrado determinar la relación de causa y efecto, podremos formular la respectiva ley científica. Pero nuestra incapacidad para descubrir la ley no invalida el hecho de su existencia. Por ejemplo, tenemos que las relaciones entre los astros existieron desde el principio de los tiempos; el descubrimiento de la ley que nos permite explicar esas relaciones es un resultado del progreso científico.[144]

Lo que es cierto para las ciencias exactas es igualmente cierto para las ciencias sociales, con la diferencia de que las ciencias sociales son inmensamente más complejas debido a la mayor dificultad para aislar los fenómenos que se han de investigar y para repetir los experimentos. Pero negar la existencia de las leyes sociales simplemente porque algunas supuestas leyes particulares puedan ser calificadas como irreales sería repetir los errores cometidos anteriormente por algunos de los economistas históricos más extremistas que se encuentran con alguna frecuencia, al contrario de lo que debería ser. La obediencia a una determinada ley no significa que dicha ley sea la que haga que suceda el fenómeno (porque eso es absurdo), sino simplemente que la ley proporciona una explicación de lo ocurrido.

La historia, como es sabido, consiste en el registro de las acciones de los hombres en la sociedad. No se trata sólo del pasado de la política, como dijo *Freeman,* sino también de la economía, de

---

[144] Por supuesto, esto no implica que la ley posea una existencia objetiva aparte de nuestras percepciones. La consideración de este problema pertenece a la ciencia de la epistemología. Las cuestiones del *Ding an sich* (la cosa en sí misma) y de los límites necesarios del pensamiento humano no tienen cabida en esta discusión, ni tienen ninguna relación con la objeción particular a la que aquí se alude. Porque el argumento en cuestión no es que las leyes históricas no tengan existencia objetiva, sino que no hay posibilidad de que formulemos una explicación adecuada de las relaciones causales.

la ética, de la jurisprudencia y de cualquier otro tipo de actividad social. Pero si cada fase de la actividad social constituye el material para una ciencia separada, con su conjunto de leyes científicas, toda la actividad social, que en su incesante transformación forma la urdimbre y el tejido de la historia, debe estar igualmente sujeta a leyes. Toda actividad social puede considerarse desde el punto de vista de la coexistencia de fenómenos o desde una secuencia de fenómenos. En un caso llegamos a las leyes estáticas; en el otro, a las leyes dinámicas. Las leyes de la historia son las leyes dinámicas de las ciencias sociales o de la ciencia social *por excelencia*. Negar la existencia de leyes históricas es sostener que en la vida humana no se encuentra nada parecido a causa y efecto.

La tercera objeción a la doctrina corresponde a un supuesto carácter socialista. A esto se puede responder que, si la teoría es cierta, es completamente irrelevante a qué conclusión conduzca. Negarse a aceptar una ley científica porque algunos de sus corolarios nos desagradan significa demostrar una lamentable incapacidad para captar las condiciones elementales del progreso científico. Si la ley es verdadera, debemos hacer que nuestras opiniones se ajusten a la ley, no intentar moldear la ley a nuestra vista.

Afortunadamente, no estamos reducidos a ninguna alternativa de este tipo. Porque, a pesar de la opinión común en sentido contrario, no hay nada en común entre la *interpretación económica de la historia* y la doctrina del socialismo, excepto el hecho accidental de que el creador de ambas teorías resultó ser el mismo hombre. *Karl Marx* fundó el *socialismo científico,* si por esa curiosa frase nos referimos a su teoría de la plusvalía y las conclusiones de la misma. *Karl Marx* también originó la *interpretación económica de la historia* y pensó que su propia versión de esta interpretación resultaría ser un baluarte de su teoría socialista. Además, la mayoría de sus seguidores han pensado lo mismo.

Respecto a lo anterior, *Mehring* nos argumenta lo siguiente:

> *El idealismo histórico en sus diversas manifestaciones teológicas, racionalistas y materialistas es la concepción de la historia de la clase burguesa, como el materialismo histórico es la de la clase trabajadora.*[145]

Es evidente que las dos cosas no tienen nada que ver entre sí. Podríamos estar de acuerdo en que los factores económicos influyen principalmente en el progreso; podríamos concluir que las fuerzas sociales, más que los caprichos individuales, en el fondo hacen la historia; tal vez incluso podríamos aceptar la existencia de la lucha de clases; pero ninguna de estas admisiones conduciría necesariamente a ninguna apariencia de socialismo. El socialismo científico enseña que la propiedad privada del capital está condenada a desaparecer; la *interpretación económica de la historia* llama la atención, entre otras cosas, sobre la influencia que el capital privado ha ejercido sobre el progreso. La gran mayoría de los pensadores económicos actuales creen, como resultado de este estudio histórico, que el principio de la propiedad privada es un resultado lógico y saludable para el desarrollo humano, por mucho que estén dispuestos a enfatizar la necesidad del control social.

---

[145] Franz Mehring, *Die Lessing-Legende (La leyenda de Lessing)*, pág. 500.

Los propios *neomarxistas* (como *Bernstein,* por ejemplo) no están de acuerdo con la visión de *Marx* sobre el futuro inmediato de la lucha de clases y consideran que su doctrina del *«cataclismo inminente de la sociedad capitalista»* ha sido refutada por los hechos ocurridos desde el medio siglo que ha transcurrido desde que se propuso la teoría. Sin embargo, *Bernstein* no abandonaría ni por un momento su creencia en la *interpretación económica de la historia* tal como la hemos descrito.[146]

De hecho, la aplicación socialista de la *interpretación económica de la historia* es sumamente ingenua. Si algo enseña la historia es que los cambios económicos transforman la sociedad a pasos lentos y graduales. Fueron necesarios siglos para que se desarrollara la sociedad feudal; fueron necesarios siglos para que el capital privado convirtiera el feudalismo en una sociedad industrial moderna. La marca característica del sistema fabril moderno, todavía en su infancia, es el predominio del empresario individual o corporativo a gran escala, como lo vemos ejemplificado en la confianza actual del movimiento en los Estados Unidos de América. Suponer que la propiedad privada y la iniciativa privada, que son los secretos mismos de todo el movimiento moderno, de inmediato darán paso a la propiedad colectiva que forma el ideal de los socialistas es cerrar los ojos a la importancia de los hechos reales y las enseñanzas de la historia misma.[147] *Rodbertus* fue al

---

[146] En su libro más reciente, Bernstein habla de la «reaiistische Geschichtsbetrachtung die in ihren Hauptzügen unwiderlegt geblieben ist» («visión realista de la historia cuyos rasgos principales no han sido refutados»). En *Zur Geschichte und Theorie des Sozialismus (Sobre la historia y la teoría del socialismo)*, 2ª ed. (1901), pág. 285.

[147] De hecho, Marx en un pasaje predice la formación de trusts. Pero él, al igual

menos más lógico que *Marx* cuando afirmó que el triunfo del socialismo sería una cuestión de un futuro oscuro (significando que tenía pocas perspectivas de un resultado favorable).

El socialismo es una teoría de lo que debería ser; el *materialismo histórico* es una teoría de lo que ha sido. Uno es *teleológico,* el otro es *descriptivo*. El uno es un ideal especulativo,[148] el otro es un canon de interpretación. Es imposible ver alguna conexión necesaria entre concepciones tan divergentes. Incluso si cada una de las teorías económicas de *Marx* fuera completamente falsa, este hecho por sí solo no invalidaría en ningún grado la doctrina general de la *interpretación económica*. Es perfectamente posible ser un individualista acérrimo y al mismo tiempo un ferviente defensor de la doctrina de la *interpretación económica*. De hecho, los escritores que hoy aplican con mayor éxito la *interpretación económica* no son socialistas en absoluto. Podríamos estar de acuerdo con la doctrina general y, sin embargo, negarnos a aceptar los ideales un tanto fantasiosos del no socialista *Loria;* podríamos estar de acuerdo con la doctrina general y, sin embargo, negarnos a aceptar los ideales igualmente fantasiosos del socialista *Marx*. El socialismo y el *materialismo histórico* son en el fondo concepciones enteramente independientes.

Además, debemos distinguir entre el principio de la *interpretación económica* en general y alguna aplicación particular del mismo.

---

que sus seguidores, pasa por alto el hecho de que el capital concentrado, al igual que el capital separado, sólo puede hacer su mejor trabajo bajo el látigo de la iniciativa individual y la responsabilidad personal.

[148]   Los «socialistas científicos» lo niegan, pero en vano.

Cuando se menciona la frase *materialismo histórico* en Alemania, o en círculos socialistas en el extranjero, todo el mundo piensa inmediatamente en *Karl Marx,* porque ha sido prácticamente el único escritor en Alemania que ha intentado una explicación coherente de la historia sobre líneas económicas. Por lo tanto, el *materialismo histórico* y el marxismo han llegado a ser considerados sinónimos. No obstante, en otros países encontramos muchas versiones diferentes de la teoría.

Para hablar sólo de Estados Unidos, *Gunton, Patten* y *Brooks Adams,* que no están en absoluto de acuerdo entre sí, coinciden en atribuir la principal importancia a los factores económicos. Pero es de resaltar que cada uno de estos escritores se negaría rotundamente a ser incluido en la misma categoría que *Karl Marx.*

No nos preocupa aquí la validez de alguna explicación particular de hechos históricos en términos económicos. Nos esforzamos por determinar hasta qué punto la *teoría de la interpretación económica* en general es sostenible como principio. Hacer que el principio general se mantenga o caiga con alguna aplicación particular sería extremadamente limitado. El problema de la verdad de la *interpretación económica* no está necesariamente ligado a la versión marxista de dicha interpretación. Así como la economía marxista no debe confundirse con la economía en general, la interpretación marxista de la historia no es de ninguna manera sinónimo de interpretación económica en general.

Pero si bien el socialismo y el *materialismo histórico* no están necesariamente conectados de ninguna manera, no se sigue de ello que ambos no puedan ser igualmente erróneos. Todo lo que hemos intentado demostrar aquí es que la falsedad del socialismo no connota, por sí misma, la falsedad de la *interpretación económica*. El hecho de que un argumento sea malo no implica que otros argumentos sean buenos. La validez de la *interpretación económica de la historia* sigue siendo un tema cuestionable, pero su validez no puede decidirse hasta después de un estudio de otras consideraciones mucho más importantes.

NOTA PARA LA SEGUNDA EDICIÓN:

Quizás el hábil escritor de la escuela *«revisionista»* de los socialistas, el *Dr. Michael Tugan-Baranowsky,* haya abandonado, una tras otra, todas las afirmaciones del socialismo científico. Una gran parte de su reciente libro sobre *Teoretische Grundlagen des Marxismus (Fundamentos teóricos del marxismo),* de 1905, está dedicada a la *interpretación económica de la historia.*

En la medida en que la *versión materialista de la historia* de *Marx* implique la existencia de la lucha de clases como única explicación del progreso, *Tugan-Baranowsky* la caracteriza como un error fatal *(grösster Irrtum).*

Este autor reconoce el hecho de que esta segunda doctrina (la de la lucha de clases) no es de ninguna manera una conclusión lógica de la primera (que los factores económicos materiales son los elementos determinantes de la historia). En otras palabras, confiesa lo que se ha sostenido en las páginas anteriores: que la versión socialista marxista de la *interpretación económica de la historia* no es inevitable ni defendible.

Tugan-Baranowsky retoma entonces sucesivamente la teoría del valor trabajo, la doctrina del excedente, es decir, la teoría del empobrecimiento, y la doctrina del cataclismo de la sociedad, mostrando que cada una de ellas ya no es sostenible frente a las críticas planteadas por los economistas. ¿Qué queda entonces —podemos preguntarnos— del socialismo científico?

Capítulo III

Los factores espirituales en la historia

Hasta ahora hemos expuesto la teoría de la *interpretación económica de la historia* y hemos estudiado algunas de las objeciones que comúnmente se plantean frente a la misma. Entre las críticas más frecuentes aún quedan dos puntos que parecen algo más formidables. De ellos quizás el más importante sea el que ocupaba el cuarto lugar en nuestra lista original,[149] esto es, la objeción de que la teoría de la *interpretación económica* descuida las fuerzas éticas y espirituales de la historia.

Hay que confesar, en efecto, que los intentos realizados hasta ahora por los *materialistas históricos* para hacer frente a la objeción no han tenido mucho éxito.[150] A pesar de lo anterior, en una inspección más cercana, esta crítica también resulta, en algunos

---

[149] *Supra.*, pág. 55.
[150] Cf. especialmente la controversia sostenida entre el inglés Bax y el alemán Kautsky en *Die Neue Zeit (El Nuevo Tiempo)*. Para Bax, consultar el vol. XV, págs. 175 y 685; para Kautsky, ver vol. XLV, pág. 652, y vol. XV, págs. 231 y 260. Cf. también Mehring, *Die Lessing-Legende (La leyenda de Lessing)*, pág. 463; y el ensayo de Bernstein en *Die Neue Zeit (El Nuevo Tiempo)*, vol. XI, pág. 782. Bernstein también ha tratado el tema en sus libros más recientes. En cuanto a los socialistas franceses, ver Labriola, *Essais sur la Conception Matérialiste de l'Histoire (Ensayos sobre la concepción materialista de la historia)*, 1897; Lafargue, *Idealisme et Matérialisme (Idealismo y materialismo)*, 1895; y Deville, *Principes Socialistes (Principios socialistas)*, 1896.

aspectos, menos importante de lo que a menudo se suponía. Esto porque, después de todo, ¿qué es el reino de las fuerzas éticas o espirituales? Para responder a esta pregunta es necesario distinguir entre la existencia de la ley moral y su génesis. El hecho de no establecer esta distinción es en gran medida responsable de la confusión del pensamiento que aún prevalece.

Desde el punto de vista histórico, ya no admite ninguna duda razonable que toda ética individual es el resultado de fuerzas sociales. Las acciones morales son de dos tipos: aquellas que afectan directamente a otros individuos y aquellas que afectan principalmente sólo a uno mismo. En la primera clase, que comprende hoy la gran masa de actividades a las que aplicamos el término *ético,* la sanción era originalmente de carácter social. La concepción de pecado o inmoralidad no es la concepción primaria. Históricamente encontramos primero delitos y agravios, es decir, delitos contra la sociedad en su conjunto o contra los individuos que la componen; sólo en un período posterior, mucho más avanzado, surge la idea de una ofensa contra Dios o contra la ley moral reflejada en la conciencia.

Una vez que se alcanzó el concepto de pecado, se fue ampliando gradualmente hasta incluir los demás delitos, hasta que hoy la comisión de un delito o de un agravio implica un pecado. Pero históricamente los pecados no fueron reconocidos como tales antes que los agravios y los crímenes.

Entre los animales, con toda probabilidad, no existe algo llamado moralidad, como tampoco ninguna concepción del bien o del mal.[151] Una hembra puede proteger a sus crías por instinto, pero sostener que se trata de una acción moral es, cuando menos, apresurado. Esa protección, sin duda, conduce a la perpetuación de la especie y, por tanto, es un factor poderoso en la selección natural, pero no hay nada moral en la acción, a menos que estemos dispuestos a aplicar el término *moral* a esos actos, ya sean instintivos o volitivos, que contribuyen a la preservación o permanencia de la especie. La moralidad en su origen implica ciertamente utilidad, pero la utilidad no necesariamente connota moralidad. No obstante, si decidimos proponer la moralidad entre los animales, los investigadores futuros sin duda explicarán su origen de manera muy similar a la de la moralidad humana.

En cambio, con la institución de la sociedad humana estamos en terreno más seguro y podemos rastrear los destellos de un desarrollo moral. Entre los pueblos primitivos que aún existen en los estadios casi más bajos del salvajismo, los únicos delitos que se reconocen son aún hoy los delitos contra la horda o el clan, es decir, lo que deberíamos llamar delitos o crímenes públicos.

---

[151] La razón por la que no es seguro negar categóricamente la existencia de la moralidad entre los animales es que el antiguo argumento de una diferencia psíquica esencial entre el hombre y los animales se ha derrumbado antes del auge de las investigaciones recientes. La biología comparada ha demostrado que los fenómenos psicológicos comienzan en la vida animal. Algunos escritores incluso afirman encontrarlos entre las clases más bajas de seres; tan bajas, de hecho, que es incluso dudoso saber si pertenecen al reino animal o al reino vegetal. Para una presentación popular, ver Binet, *The Psychic Life of Micro-Organisms (La vida psíquica de los microorganismos)*, 1849. Finalmente, conviene mencionar que las opiniones de Binet no son compartidas por los biólogos más conservadores.

La traición, el incesto y la brujería son los tres (3) grandes crímenes originales que se encuentran casi universalmente. Son ofensas contra la comunidad, porque ponen en peligro, a juicio del pueblo, la existencia misma del grupo social. Al principio no existe ninguna idea de pecado aparte de estas ofensas. Las palabras *bueno* o *malo* se aplican invariablemente sólo para aquellas acciones que afectan al grupo social, pues la concepción misma del mal es una concepción social.

Ciertas acciones llegan a considerarse incorrectas porque son socialmente dañinas y son castigadas por la sociedad en su conjunto, y la causa de su castigo debe buscarse en la conciencia de la sociedad de que son infracciones contra las costumbres sociales fundamentales que han sido tan laboriosamente desarrolladas. Porque tales costumbres representan:

> *Las enseñanzas de la madre naturaleza inculcadas en innumerables generaciones de ancestros salvajes. Son lecciones de necesidad social, de selección social, donde la falta de aprendizaje o la negativa a obedecer significa la destrucción inevitable del grupo social, lo que significa la muerte social.* [152]

Lo que se ha dicho sobre los delitos se aplica también a los daños. La primera ofensa del salvaje aborigen contra su camarada no tenía más implicaciones morales que actualmente

---

[152] Hall, «Crime in its Relation to Social Progress» («El crimen en su relación con el progreso social»), en *Studies in History, Economics and Public Law (Estudios en Historia, Economía y Derecho Público)*, Universidad de Columbia, XV (1902), pág. 55.

la matanza de un animal por otro. La acción apasionada y la venganza eran originariamente de los hombres, como todavía lo son de los animales, la forma que asume el deseo de dominio físico. La lucha animal por la existencia no es ni moral ni inmoral, es *amoral*.

No obstante, tan pronto como la sociedad tomó nota de la ofensa del hombre contra el hombre, tan pronto como la represalia fue regulada por la costumbre o la ley social, el castigo fue dotado de una sanción social y el acto empezó a considerarse reprensible. Cuando los seres humanos llegaron a ver que ciertas acciones dirigidas contra sus semejantes iban seguidas de reprobación social o de venganza individual basada en la aprobación social, no tardaron en aprender que si valoraban su existencia en sociedad debían abstenerse de tales acciones. En la lucha entre un hombre frente a otro hombre, cada individuo siempre tiene posibilidades de ganar; por lo tanto, no tiene ninguna seguridad de que un acto determinado vaya a tener consecuencias nefastas para él. Pero frente a un grupo social el individuo es impotente y sus posibilidades de escapar del castigo son escasas.

Con el transcurso de los siglos, las costumbres sociales se vuelven tan rígidas que cualquier desviación de las costumbres habituales llega a considerarse no sólo peculiar, sino positivamente dañina y, por tanto, reprensible.

El miedo a la desaprobación social y la esperanza de aprobación social se convierten en las fuerzas que conducen a las ideas originales del mal o del bien aplicadas a las acciones sociales del individuo.

No es necesario discutir aquí si la concepción de agravio o la de delito es la más antigua históricamente. La mayoría de los escritores suponen que los agravios preceden a los delitos, y es indudable que muchos agravios se transforman gradualmente en delitos. Por otra parte, es casi seguro que algunos delitos han precedido a los agravios. Por ejemplo, el adulterio era un delito como el incesto antes de ser un agravio; el engaño era un delito como la traición antes que un agravio. Sea como sea, el punto importante para nosotros es que tanto los agravios como los delitos son ofensas con una sanción social, y que antes de que existiera esta sanción social no existía la idea de pecado o inmoralidad aplicable a las acciones de hombre a hombre.

Las enseñanzas del lenguaje en sí proporcionan una indicación clara del origen social de la concepción de moralidad. La palabra *ético* se deriva del grieto *ήθος (etos)*, que significa costumbre o uso social; así como *moral*, según Cicerón nos dice[153] que acuñó imitando el griego, se deriva de *mos* (manera de vivir), que denota exactamente lo mismo que *ήθος*. De igual manera, el término alemán para moral, *sittlich*, se deriva de *sitte*, o uso social. Por lo tanto, es la sociedad la que ha dejado la huella original en la concepción misma de la moralidad.

No sólo la idea de moralidad es un producto histórico, sino que el contenido de la moralidad cambia con el estado de civilización o con la clase social. En un tiempo el homicidio era tan poco inmoral como lo es hoy el hecho de que un animal

---

[153] Cicerón, *De Fato (Sobre el destino)*, cap. II.

mate a otro, lo que es simplemente *amoral*. Incluso hoy en día no es inmoral si lo comete un soldado en la guerra; se convierte en asesinato y pecado sólo cuando el mismo individuo actúa en una circunstancia diferente a la de un miembro del ejército (por supuesto, sin desviarse de las tareas asignadas).

Nuevamente, con referencia a algunos actos no está del todo claro si son correctos o incorrectos. Por ejemplo, algunos declaran que el engaño practicado por el general *Funston* para atrapar a *Emilio Aguinaldo*[154] no es del todo erróneo porque apenas violó, si es que violó en absoluto, las costumbres sociales de las naciones civilizadas en la guerra, siempre y cuando estemos dispuestos a hacerlo confesar que hay una diferencia entre la guerra civilizada y la incivilizada. Por otra parte, casi todo el mundo reconoce que el saqueo de los tesoros de Pekín y Tien-Tsin por parte de algunos aliados, en su momento, fue solamente un error, porque últimamente se ha convertido en una costumbre reprobada por la conciencia social de los pueblos más civilizados.

La competencia sigue siendo la regla en la vida empresarial: los economistas no la llaman ni moral ni inmoral. Pero la competencia entre miembros del grupo social más pequeño, conocido como familia, ya no se considera defendible, porque hace tiempo que la sociedad reconoció que el bienestar social, en general, se vería favorecido por la práctica de la cooperación familiar. La expropiación de propiedad privada sin compensación

---

[154] Nota del traductor: Emilio Aguinaldo (1869-1964) fue un político filipino que lideró el primer intento de independencia de Filipinas. Fue capturado en 1901 por Frederick Funston. Fuente: www.biografiasyvidas.com (consulta: 4 de enero de 2024).

normalmente se considera incorrecta, pero cuando se destruye la casa de una persona para frenar un incendio la acción no es ni moral ni jurídicamente incorrecta, debido a las abrumadoras consecuencias del siniestro.

Así, la concepción de lo correcto o lo incorrecto no se vincula invariablemente a ninguna acción particular, porque la misma acción puede, bajo diferentes circunstancias y aplicada a diferentes etapas sociales, ser a la vez correcta e incorrecta. Dado que las consideraciones sociales hacen que las acciones sociales del individuo sean correctas o incorrectas, la idea del bien o del mal en sí misma es un producto social.

Lo que hemos dicho hasta ahora se aplica principalmente a las acciones sociales de los individuos, a los actos del hombre hacia el hombre. El principio, sin embargo, es igualmente aplicable a la segunda clase de acciones morales mencionadas anteriormente, es decir, aquellas que en un principio parecen afectar sólo al propio individuo. Un individuo, por ejemplo, puede ser culpable de alguna práctica particular sobre sí mismo que popularmente declaramos que no es buena para él o que es un vicio.

Aunque, hablando con propiedad, todo lo que originalmente se quiso decir es que no conducía a su bienestar físico o material. El *whisky* no es bueno para un niño corriente; el *whisky* es bueno para un inválido. En la concepción original del bien no hay idea de moralidad, de lo correcto o lo incorrecto. Si un animal se atiborra hasta saciarse, no atribuimos ninguna cualidad moral a la acción. Cuando un indígena aislado se mutiló por primera vez, no pensó en nada bueno o malo, sino sólo en cuáles podrían ser las consecuencias físicas o materiales, independientemente del hecho de que estas consecuencias pudieran ser provocadas por fuerzas naturales o por la interposición de alguna fuerza sobrenatural, algún espíritu o demonio.

Así como un individuo llamaba buenas a aquellas cosas que promovían su bienestar material, igualmente la sociedad calificaba de manera positiva aquellas cosas que contribuían a su existencia continua. No obstante, tan pronto como la idea de ventaja social se impone, llegamos a la concepción de moralidad. Una acción ahora es reprobada o admirada según conduzca al bienestar social; y la costumbre prolongada hace que el individuo ajuste sus acciones e ideas a este estándar social, es decir, crea en él un sentimiento de lo bueno o lo malo. Así, lo que es bueno físicamente para el individuo se vuelve bueno moralmente sólo cuando se ha aplicado la prueba social. Dado que esta connotación ética es el resultado de fuerzas sociales, está claro que algunos actos que originalmente sólo tenían un significado físico para el individuo adquirieron gradualmente un significado ético debido al supuesto de que conducirían a ciertas consecuencias sociales. Un miembro de la sociedad moderna que continuamente ingiere alimentos en exceso adquirirá ciertas características que lo harán desagradable para sus semejantes o que servirán de mal ejemplo para los demás. En cualquier caso, son las consideraciones sociales las que atribuyen un significado ético a lo que en el fondo es un mero acto físico individual.

Es sólo cuando los hombres han aprendido a vivir en sociedad, y cuando han llegado a temer que ciertas prácticas individuales repercutirán en sus ideas o acciones en relación con otros individuos, que aprenden a atribuir una cualidad moral incluso a los actos que a primera vista parecen no tener relación con nadie más. Lo mismo se aplica a las acciones de los hombres hacia los animales. El hecho de matar un animal como tal no es en sí mismo ni bueno ni malo, pero la crueldad con los animales está reprobada por los posibles efectos sobre el carácter del ser humano que comete el acto. Así, todos los actos del individuo, ya sea que parezcan afectarle sólo a él mismo o a otros, se vuelven buenos o malos sólo como resultado de consideraciones sociales.

Toda moral individual es el resultado y el reflejo de la moral social.[155] La conciencia misma, o la capacidad de distinguir entre

---

[155] La teoría del origen social de la moralidad ha sido brillantemente elaborada por Von Ihering en el segundo volumen de su obra maestra, *Der Zweck im Recht (El objeto de la ley)*, 1883 (2ª ed., 1886). Von Ihering no oculta ningún intento de aplicar la teoría a la doctrina general que aquí estamos considerando. En la literatura inglesa, el tratamiento más antiguo del tema se encuentra en *Descent of Man (El origen del hombre)*, cap. IV. Para un interesante punto de vista sobre la teoría del origen social de la moralidad, ver los brillantes pero muy incompletos pasajes de W. K. Clifford en sus artículos «On the Scientific Basis of Morals» («Sobre la base científica de la moral») y «Right and Wrong» («Lo correcto y lo incorrecto»), publicados originalmente en 1875 y reimpresos en sus *Lectures and Essays (Lecturas y ensayos)*, II, 1879, especialmente en las páginas 111, 112, 114, 119 a 123, 169 y 172 a 173. La admirable obra de Alexander Sutherland *The Origin and Growth of the Moral Instinct (El origen y evolución del instinto moral)*, de 1898, basa el desarrollo de la moralidad en el crecimiento de la simpatía a través de la familia. Así, nos dice que «de los usos que surgieron dentro de la familia surgió la moral; de los que surgieron entre las familias surgió la ley» (II, pág. 138); o también «la verdadera moralidad crece dentro de la familia» (II, pág. 146); o también «las reglas morales en cuanto al derramamiento de sangre, la honestidad, la verdad y la castidad son todas, por nacimiento, del crecimiento familiar» (II, pág. 151). Sutherland olvida, sin embargo, que en la sociedad primitiva no era la familia en el sentido moderno, sino la horda, el clan y la tribu, lo que formaba los grupos sociales unitarios. El libro de Sutherland, no obstante, es el primero en inglés en señalar clara-

el bien y el mal, es el producto histórico de las fuerzas sociales. Por lo tanto, debemos estar de acuerdo con *Sutherland* cuando define el instinto moral como *«ese sesgo inconsciente que está creciendo en las mentes humanas a favor de aquellas de nuestras emociones que conducen a la felicidad social»*.[156]

No hay fundamento alguno para la opinión mantenida por *Kant, Green* y *Sidgwick,* junto con tantos otros, de que este sentido interno (la conciencia) es innato: ese juez de conducta sobrenatural, misterioso e infalible. Por el contrario, lo que la sociedad elogia el individuo en general aprenderá a elogiarlo, y lo que elogia en los demás lo elogiará en sí mismo.[157]

Cualquiera que sea la verdad que pueda haber en la teoría intuitiva o trascendental de la ética como parte del esquema cósmico, no hay duda de que la moral aplicada a los seres humanos es el resultado de un lento desarrollo, en el que las fuerzas sociales han desempeñado el papel principal. Tal es el origen del sentido moral, cuya existencia y actividad son hechos indudables de la vida humana. Esto ejerce una profunda influencia en el individuo porque es la cristalización de siglos de influencia social.

No obstante, la fuerza acumulada de esta influencia ha sido tan lenta que el individuo olvida por completo su origen e im-

---

mente que la teoría (social) utilitarista de la ética no tiene nada de «bajo» o «sórdido», pero que es realmente compatible con la visión más idealista del universo. Para la oposición anterior y más cruda por parte de los intuicionistas, ver la obra de Cobbe «Darwinism in Morals» («Darwinismo en la moral»), en *Theological Review (Revista Teológica)*, abril de 1872, págs. 188 a 191.

[156] *Op. cit.*, II, pág. 306
[157] *Ibidem,* II, pág. 72.

portancia social. Pero, aunque la conciencia existe como una categoría separada, no lleva una vida enteramente independiente. Es como el instinto con los animales: siglos de experiencia adquirida a un alto costo han servido para dejar una huella casi indeleble en los hábitos de los animales, hasta que se sigue instintivamente un determinado curso de acción.[158]

La huella, sin embargo, no es del todo indeleble. Así como el instinto en su origen es un producto histórico, inevitablemente será moldeado lentamente por experiencias futuras. El instinto de preservar la vida permanece, pero el método particular que se sigue instintivamente cambia de vez en cuando. El instinto persiste, pero su forma se modifica. Entonces el hecho de la conciencia moral en el hombre y la existencia de la vida ética y espiritual en la sociedad civilizada son indudables, pero el contenido de esta conciencia moral cambia con las mismas fuerzas que originalmente la hicieron nacer.

Sería, por tanto, absurdo negar que las personas individualmente consideradas, como las multitudes, se dejen mover por consideraciones éticas. Por el contrario, todo progreso consiste

---

[158] Este no es el lugar para discutir sobre las diversas teorías del instinto. Se puede encontrar una discusión popular en *Darwinism (Darwinismo)*, de Alfred Russell Wallace, pág. 441; y una más técnica en la obra *Essais on Heredity (Ensayos sobre herencia)*, de Weissmann, y en *Habit and Instinct (Hábitos e instintos)*, de C. L. Morgan. Mencionaré aquí una cita de Romanes: «Hay amplia evidencia que demuestra que los instintos pueden surgir ya sea por selección natural, fijando hábitos sin propósito que pueden ser rentables, convirtiendo así estos hábitos en instintos sin que la inteligencia esté involucrada en el proceso; o por hábitos, originalmente inteligentes, que por repetición se vuelven automáticos». *Mental Evolution in Animals (Evolución mental en animales)*, pág. 267.

en el intento de realizar lo inalcanzable, lo ideal, lo moralmente perfecto. La historia está llena de ejemplos en los que las naciones, al igual que los individuos, han actuado desinteresadamente y han seguido los generosos impulsos de la vida superior. Los maestros éticos y religiosos no han trabajado en vano. Rastrear la influencia de la vida espiritual en el desarrollo individual y social sería tan fácil como innecesario. No obstante, lo que generalmente se olvida y lo que es necesario enfatizar una y otra vez no es sólo que el contenido de la concepción de la moralidad sea un producto social, sino también que, en medio de las complejas influencias sociales que cooperaron para producirlo, los factores económicos a menudo han sido de significado primordial; es decir, que el idealismo ético o religioso puro ha tenido impacto sólo dentro de las limitaciones de las condiciones económicas existentes.

Lo material, como hemos visto, casi siempre ha precedido a lo ético. Las acciones individuales, al igual que las acciones sociales, poseían un significado material mucho antes de que adquirieran un significado ético. La etimología nos ayuda aquí como lo hizo en la discusión del significado de la moralidad misma.

Una *cosa* era originalmente un *bien* en el sentido material, en el que todavía hablamos de *bienes* y *mercancías*. El sentido ético del bien frente al mal llegó mucho más tarde. En el lenguaje popular todavía hablamos de una uña rota como algo que *no sirve,* sin querer emitir ningún juicio moral sobre ella. El significado original de *dear* (querido) no era ético, sino económico: un *bien* puede seguir siendo *caro,* incluso si no lo *queremos.* Hoy estimamos a alguien; originalmente le pusimos un valor monetario *(æstimare,* de *as* = dinero). En los tiempos modernos apreciamos una cualidad; originalmente le habíamos fijado un precio *(adpretium)*. En todas partes se ha reconocido el sustrato físico y material mucho antes de que la connotación ética sea alcanzada.

Dado que lo material precede a lo ético, no nos sorprenderá saber que las condiciones materiales de la sociedad —es decir, en el sentido más amplio, las condiciones económicas— modifican continuamente el contenido de la concepción ética. Tomemos algunas ilustraciones al azar: la esclavitud, por ejemplo, no era considerada incorrecta por los grandes moralistas griegos, cuyas opiniones éticas sobre muchos otros temas estaban al menos al mismo nivel que las de los tiempos modernos. De la misma manera, los colonos ingleses, que en su país habrían rechazado la idea misma de la esclavitud, pronto se convirtieron en los defensores más ardientes y sinceros del sistema en los estados del sur de los Estados Unidos; incluso los clérigos de los estados del sur se negaron honestamente a considerar la esclavitud como pecado. Si los estados del norte y del oeste hubieran estado sujetos a las mismas condiciones climáticas y económicas, no hay duda de que, al menos en la medida en que hubieran podido mantenerse aislados del contacto con la civilización industrial más avanzada de Europa, habrían compartido completamente la misma situación de las condiciones morales de sus hermanos del sur. Los hombres son lo que las condiciones les hacen, y los ideales éticos no están exentos de la misma ley inexorable del entorno.

Para los profesores de ética de la Edad Media, los derechos feudales no parecían estar mal. Los rudos y valientes pioneros de Nueva Inglaterra necesitaban un conjunto diferente de virtudes de las que fueron adquiriendo sus sucesores en una época más tranquila; el intento de someter a los indígenas mediante el amor, la caridad y la no resistencia no habría significado tanto la desaparición del mal como la desaparición de los colonos. El ideal moral de una sociedad fronteriza es tan legítimo desde el punto de vista de sus necesidades como el ideal muy diferente de una etapa posterior de la sociedad. La virtud de la hospitalidad es mucho más importante en la etapa pastoral que en la industrial. La relación ética entre el maestro y los trabajadores bajo el sistema fabril no es la misma que bajo el sistema gremial. La idea del honor y de la necesidad del duelo como satisfacción por una ofensa de violación es peculiar de una clase aristocrática o militar; con el cambio de las condiciones económicas que contribuyen a la democracia y a la industrialización, el contenido de la concepción cambia.

Escuchamos mucho sobre el crecimiento del derecho internacional y de la aplicación de principios éticos a las relaciones internacionales. Respecto a lo anterior, con frecuencia olvidamos que tales principios sólo pueden existir cuando las condiciones están maduras. La paz universal sólo puede existir cuando un país es tan poderoso que domina a todos los demás, como en el caso de la Roma imperial, o cuando las principales naciones han llegado a estar tan en pie de igualdad que nadie se atreve a ofender a su vecino y los países menores están protegidos por los celos mutuos de las grandes potencias.

La ética política es aquí precisamente como la ética privada. La venganza individual no desaparece hasta que todos los ciudadanos estén sometidos al poder del tirano fuerte o hasta que el pueblo esté dispuesto a acatar la decisión del tribunal por la convicción de que ante la ley todos son iguales. El derecho internacional comenzó cuando las fuerzas económicas de los siglos XVI y XVII dieron el primer paso hacia la igualdad al convertir los pequeños principados heterogéneos en grandes naciones. La justicia internacional y la paz universal sólo llegarán cuando los cambios económicos que ahora avanzan rápidamente hayan convertido a las naciones que luchan actualmente en unos pocos y vastos imperios, dividiendo entre sí y civilizando gradualmente las posesiones coloniales periféricas, alcanzando así una condición de relativa igualdad económica. La igualdad económica entre los individuos crea las virtudes democráticas; sólo la igualdad económica entre las naciones puede preparar el camino para la paz y la justicia a nivel internacional.

Así, la *interpretación económica de la historia,* correctamente entendida, no busca en lo más mínimo negar o minimizar la importancia de las fuerzas éticas y espirituales en la historia. Sólo enfatiza el dominio dentro del cual las fuerzas éticas pueden actuar con éxito en cualquier momento particular. Sería inútil entonar alabanzas de la misericordia y el amor a una banda de salvajes merodeadores, pero cuando las antiguas condiciones de la guerra ya no son realmente necesarias para la autodefensa el maestro moral puede hacer un gran trabajo introduciendo prácticas más civilizadas, que estarán en armonía con las necesidades reales de la nueva sociedad. Es siempre en la frontera de la transición de la vieja necesidad social a la nueva conveniencia social donde el reformador ético hace sentir su influencia. Con el cambio perpetuo en las condiciones humanas siempre hay algún tipo de línea fronteriza y, por lo tanto, siempre es necesario que el maestro moral señale el ideal superior y el camino del progreso; pero debe tenerse en cuenta que, a menos que las condiciones sociales estén maduras para el cambio, la exigencia del reformador ético será infructuosa. Sólo si las condiciones están dadas se elegirá la reforma.

Por tanto, los ideales morales están continuamente al frente de la lucha por el progreso. El maestro ético es el explorador y está a la vanguardia de la sociedad, pero sólo será seguido si goza de la confianza del pueblo, y la verdadera batalla la librará el cuerpo principal de fuerzas sociales, en medio de las cuales las condiciones económicas son a menudo decisivas en última instancia. Hay un crecimiento moral en la sociedad, así como en el individuo. Cuanto más civilizada es la sociedad, más ético es su modo de vida. Pero para volvernos más civilizados, para permitir que los ideales morales se filtren a través de los estratos continuamente más bajos de la población, debemos tener una base económica que lo haga posible. Con cada mejora en la condición material de la gran población habrá una oportunidad para el desarrollo de una vida moral más elevada, pero hasta que las condiciones económicas de la sociedad se vuelvan mucho más ideales no tendrá el desarrollo ético del individuo un campo libre para el progreso ilimitado. Sólo entonces será posible ignorar el factor económico, que en adelante podrá considerarse como una constante; sólo entonces «*la interpretación económica de la historia se convertirá en un asunto de arqueólogos más que de historiadores».*

De hecho, las fuerzas morales no son menos influyentes en la sociedad humana que las fuerzas legales y políticas. Pero así como el sistema legal, al igual que el sistema político, se ajusta en el fondo a las condiciones económicas, también el sistema ético particular o código de moralidad ha sido en un período dado, en gran medida, una consecuencia de la vida social, y especialmente de la económica. Si por materialismo entendemos una negación del poder de las fuerzas espirituales en la humanidad, la *interpretación económica de la historia* en realidad no es materialista.

Pero si por *interpretación económica* entendemos (lo único que deberíamos decir) que las fuerzas éticas mismas son fundamentalmente sociales en su origen y están en gran medida condicionadas en su esfera de operación real por las relaciones económicas de la sociedad, entonces no hay un verdadero antagonismo entre la vida económica y la ética.

La *interpretación económica de la historia,* en el sentido razonable y moderado del término, no subordina ni por un momento la vida ética a la vida económica, ni siquiera sostiene que en un solo individuo exista una conexión necesaria entre sus impulsos morales y su bienestar económico; sobre todo, no niega una interpenetración de influencias éticas o religiosas en las instituciones económicas. Sólo se esfuerza por mostrar que en los registros del pasado la elevación moral de la humanidad ha estado estrechamente relacionada con su progreso social y económico, y que los ideales éticos de la comunidad, que son los únicos que pueden lograr un avance duradero en la civilización, se han erigido sobre la base sólida de la prosperidad material y se han hecho posibles gracias a ella.

En resumen, la *concepción económica de la historia,* correctamente interpretada, no descuida las fuerzas espirituales de la historia; sólo busca señalar los términos en los que la vida espiritual ha podido hasta ahora encontrar su máximo fruto.

Capítulo IV

Exageraciones de la teoría

Llegamos ahora al último cargo de la acusación que habitualmente se ha formulado contra la *teoría de la interpretación económica*. Consiste en la objeción de que la teoría nos envuelve en exageraciones absurdas. Sin embargo, en la forma en que comúnmente se plantea, esta objeción, incluso si fuera cierta, estaría fuera de lugar.

En efecto, es un hecho que algunos de los entusiastas defensores de la *interpretación económica* han afirmado demasiado o han propuesto explicaciones que, al menos por el momento, no son susceptibles de prueba. Así, el más brillante de los economistas italianos de esta época, *Achille Loria,* ha publicado varios libros[159] en los que ha intentado interpretar una gran masa de fenómenos históricos desde el punto de vista económico. Muchas de sus declaraciones son correctas y han sido defendidas con éxito

---

[159] Uno de ellos ha sido traducido por el profesor Keasbey con el título *The Economic Foundation of Society (La creación económica de la sociedad)*, 1899. El original italiano se publicó en 1885 y la tercera edición apareció en 1902 con el título *Le Basi Economiche della Costituzione Sociale (Las bases económicas de la constitución social)*. Sus otras obras importantes relacionadas con el mismo tema general son *Analisi della Proprietà Capitalista (Análisis de la propiedad capitalista)*, 1889; y sus obras más recientes, *La Sociologia, il Suo Compito (La sociología y su propósito)*, 1901, e *Il Capitalismo e la Scienza (El capitalismo y la ciencia)*, 1901.

contra los ataques de sus críticos, pero algunas de sus explicaciones son obviamente insatisfactorias. Por encima de todo, ha puesto demasiado énfasis en la influencia de la tierra en la sociedad moderna y, por lo tanto, en algunos casos, ha perjudicado, en lugar de ayudar, a la *teoría general de la interpretación económica,* de la cual solamente la aplicación particular, que se considera admirablemente sugestiva, es original de él.[160]

Otros escritores menos brillantes han sido culpables de dar declaraciones aún más extremas. Por eso algunos han tratado de demostrar que la religión misma depende de las fuerzas económicas. En esta afirmación hay ciertamente un mínimo de verdad. Sabemos que la religión de un pueblo pastoril es necesariamente diferente de la de una comunidad agrícola. El propio *Marx* señalaba lo siguiente:

> *La necesidad de predecir la subida y bajada del Nilo creó la astronomía egipcia y con ella el dominio de los sacerdotes como directores de la agricultura.*[161]

Un investigador ruso, partiendo de la misma concepción, ha demostrado que ciertas condiciones un tanto análogas fueron

---

[160] Es un testimonio singular del abandono de los escritos de Marx fuera de Alemania que tantos críticos en Inglaterra, Francia e Italia hayan aclamado a Loria como el creador de la doctrina de la *interpretación económica.* Ni siquiera el profesor Keasbey está completamente libre de este error. Véase el prefacio del traductor (pág. 9) a la edición en inglés. El propio Loria, sin embargo, no ha hecho tal afirmación. Ver el libro reciente de Iris *Marx e la sua Dottrina (Marx y su doctrina)*, 1902, especialmente el capítulo 31, «Intorno ad alcune Critiche dell'Engels» («Sobre algunas críticas de Engels»).
[161] *El capital* (traducción al inglés), pág. 523, nota I.

generadoras de teocracias de otras naciones orientales.[162] Por tanto, se puede conceder que indudablemente existe un elemento de carácter económico en las religiones del pasado, así como en las del presente.[163] Quizás el intento más sorprendente de llevar la teoría más allá de sus límites legítimos sea el que ha buscado la explicación del cristianismo mismo únicamente en hechos económicos.[164] Efectivamente, hoy en día es un hecho aceptado que gran parte de la oposición a Jesús se debió a su programa social radical y sus supuestas opiniones comunistas; es igualmente cierto que las condiciones económicas del Imperio romano favorecieron la recepción de estas nuevas ideas. Afirmar, sin embargo, que el

---

[162] Metschnikoff, *La Civilisation et les Grandes Fleuves Historiques (La civilización y las grandes corrientes históricas),* 1889. Marx, que se anticipó a Metschnikoff en este sentido, había dicho veinte (20) años antes: «Una de las bases materiales del poder del Estado sobre las pequeñas organizaciones productoras no integradas de la India era la regulación del suministro de agua» (*El capital,* pág. 523, nota 2). Kautsky fue llevado por este pasaje a estudiar las condiciones de las otras teocracias asiáticas y llegó a la misma conclusión sin saber nada de Metschnikoff, cuyo libro había aparecido en esa época. Véase *Die Neue Zeit (El Nuevo Tiempo),* 1899, pág. 447.

[163] Algunos aspectos sociales y económicos de movimientos religiosos modernos han sido objeto de análisis por Thomas C. Hall en *The Social Meaning of The Modern Religion Movement in England (El significado social de los modernos movimientos religiosos en Inglaterra),* 1900.

[164] La interpretación económica del cristianismo fue propuesta por primera vez por Kautsky en la obra «Die Entstehung des Christenthums» («Surgimiento del cristianismo»), en *Die Neue Zeit (El Nuevo Tiempo),* III (1885), págs. 481 y 529; y por Engels en su ensayo «Bruno Bauer und das Unrchristenthum» («Bruno Bauer y el cristianismo primitivo»), en el *Züricher Sozialdemokrat (El Socialdemácrata de Zúrich),* 1882, números 9 y 10. Fue desarrollado por Engels en un artículo posterior en *Die Neue Zeit (El Nuevo Tiempo);* en 1894 por E. H. Schmitt, también en *Die Neue Zeit,* XV (1897), I, pág. 412; y por Kautsky en el capítulo sobre «Der urchristliche Kommunismus» («El comunismo primitivo») en el primer volumen de la obra *Die Geschichte des Socialismus (Historia del socialismo),* 1895.

cristianismo fue principalmente un movimiento económico es ignorar la función de las fuerzas espirituales que acabamos de discutir.[165]

La *teoría de la interpretación económica* se ha aplicado no sólo a la religión, sino incluso a la filosofía. Todo el movimiento del pensamiento, por ejemplo, que asociamos con las palabras *filosofía griega* ha sido explicado en un voluminoso trabajo como un fenómeno atribuible a causas esencialmente económicas.[166]

Abrotelës Eleutheropoulos,[167] es cierto, niega que esté intentando probar la validez del *materialismo histórico,* porque afirma ser un *filósofo* más que un materialista histórico, y llama a su teoría la *teoría griega del desarrollo.*[168] No obstante, si se examina más de cerca, la diferencia entre las dos doctrinas es apenas discernible, porque el autor nos dice que *«la concepción materialista de la historia proporciona la clave del fenómeno de cómo el carácter general de la filosofía como cosmovisión (Weltanschauung) se manifiesta en diferentes formas y matices».* De hecho, afirma que no puede hacer más que

---

[165] Algunas de las objeciones han sido planteadas por Hermann en *Sozialistische Irriehren von der Entwicklung des Chirstentumus (Herejías sociales sobre los orígenes del cristianismo),* 1899. Kohler, sin embargo, va demasiado lejos en dirección contraria.

[166] Este punto de vista fue propuesto por primera vez por Stillich en un artículo en *Die Neue Zeit (El Nuevo Tiempo),* XVI, I, pág. 580. Este resultó ser un plagio de las conferencias dictadas en Zúrich por un docente griego, mencionadas en la nota siguiente. Véase *Die Neue Zeit,* XVI, 2, pág. 154.

[167] Abrotelës Eleutheropoulos, *Wirthschaft und Philosophie oder die Philosophie und die Lebens-Auffassung der jeweils Bestehenden Gesellschaft. Erste Abtheilung: Die Philosophie und die Lebens-Auffassung des Griechentums auf Grund der Gesellschaftlichen Zustände (Economía y filosofía, o la filosofía y el concepto de vida de la sociedad actual. Primera sección: la filosofía y el concepto de vida de los griegos basado en las condiciones sociales),* 1898 (2ª ed., 1900).

[168] Prefacio a la segunda edición.

esto, y que la filosofía también es el producto del filósofo como individuo; por lo tanto, «*la teoría de las relaciones económicas de la sociedad como causa del devenir sólo puede ser cierta en el sentido de causa formal del desarrollo*».[169]

No obstante, este autor en casi todas las secciones de su obra intenta rastrear la conexión entre la teoría filosófica particular y las condiciones económicas. No hace falta decir que el intento estuvo lejos de tener éxito. La filosofía social de los griegos es en realidad un resultado de las condiciones sociales, como es de esperarse, pero la búsqueda de los principios últimos de la vida y del pensamiento, tal como la encontramos en los más grandes pensadores griegos, no tiene ninguna relación concebible con las condiciones económicas reales. Las explicaciones de *Eleutheropoulos* son casi siempre descabelladas.

La *interpretación económica de la filosofía* no se ha limitado al período griego. Otro escritor, presumiblemente socialista, *Von Hartmann,* ha proporcionado una explicación económica de la filosofía basándose en que la burguesía alemana estaba renunciando a su conciencia de clase.[170] Obviamente no vale la pena discutir este asunto seriamente.

Otras aplicaciones más o menos extremas de la teoría son conocidas por todos. Entre los escritores más antiguos que florecieron antes de que se formulara la teoría misma, bastará mencionar a *Alison,* quien atribuyó la caída del Imperio romano

---

[169]   *Op. cit.*, pág. 16.
[170]   Citado en Masaryk, *Die Grundlagen des Marxismus(Los fundamentos del marxismo)*, pág. 146.

a las dificultades monetarias de la época, y aquellos historiadores españoles que hicieron que la decadencia de España girara en torno a la expansión de la *alcabala, el impuesto general sobre las ventas*. Para llegar a autores más recientes, sólo necesitamos mencionar al *Sr. Brooks Adams*[171] y al profesor *Patten,*[172] quienes, entre muchas cosas sugerentes, han centrado su atención en algunas condiciones económicas particulares en la historia de Roma e Inglaterra, respectivamente, y les han atribuido una influencia en el desarrollo nacional, en general, de manera desproporcionada aunque su importancia es real.

Cabe precisar que tales aplicaciones improcedentes de la teoría no invalidan necesariamente la doctrina misma. Debemos distinguir aquí, como en cualquier otro ámbito de la investigación humana, entre el uso y el abuso de un principio. La diferencia entre el científico y el fanático es que uno ve las limitaciones de un principio, mientras que el otro no reconoce ninguna. Hacer responsable a cualquier ciencia o teoría de todos los caprichos de algunos de sus defensores excesivamente apasionados pronto resultaría en un descrédito de la ciencia misma. Los sabios no juzgan una raza por sus miembros menos afortunados; los críticos imparciales no estiman el valor de una doctrina por sus excrecencias o sus protuberancias.

A pesar de todo lo expuesto, es importante recordar que los propios creadores de la teoría han llamado la atención sobre el peligro de la exageración. Hacia el final de su carrera, *Engels,*

---

[171] *The Law of Civilisation and Decay (La ley de la civilización y la decadencia).*
[172] *The Development of English Thought (El desarrollo del pensamiento inglés).*

influido sin duda por el peso de las críticas adversas, señaló que a veces se había afirmado demasiado en favor de la doctrina. En efecto, en 1890 le escribe a un estudiante en los siguientes términos:

> *Marx y yo somos en parte responsables del hecho de que los jóvenes a veces hayan puesto más énfasis en el aspecto económico del que merece. Al enfrentarnos a los ataques de nuestros oponentes, era necesario que pusiéramos de relieve el principio dominante, negado por ellos, y no siempre tuvimos el tiempo, el lugar o la oportunidad de dejar que los otros factores, que estaban involucrados en la acción y reacción mutuas, obtuvieran su merecido.*[173]

En otra carta, *Engels* explica más claramente lo que quiere decir:

> *Según la visión materialista de la historia, el factor decisivo en **última instancia** en la historia es la producción y reproducción de la vida real. Ni Marx ni yo hemos afirmado nunca más que esto. Pero cuando alguien distorsiona esto para leer que el factor económico es el único elemento, convierte la afirmación en una frase absurda, abstracta y sin sentido. La condición económica es la base, pero los diversos elementos de la superestructura: las formas políticas de las*

---

[173] Esta carta fue publicada en *Der Sozialistische Akademiker (El Académico Socialista)* el 1 de octubre de 1895. Fue citada por Greulich en *Ueber die Materialistische Geschichts-Ausffassung (Sobre la interpretación materialista de la historia)*, 1897, pág. 7; y por Masaryk en *Die Grundlasgen des Marxismus (Los fundamentos del marxismo)*, 1899, pág. 104.

luchas de clases y sus resultados, las constituciones, las formas jurídicas y también todos los reflejos de estas luchas reales en las mentes de los participantes, las teorías políticas, jurídicas y filosóficas, las opiniones religiosas…, todas ellas ejercen una influencia en el desarrollo de las luchas históricas y en muchos casos determinan su forma. (Resaltado por el autor)[174]

Atribuir todo a los cambios económicos es claramente inadmisible. El propio *Engels* señaló en otro aparte que intentar

---

[174] «Según el enfoque materialista de la historia, el momento determinante último de la historia es la producción y reproducción de la vida real. Marx no tiene nada más, ni yo nunca reclamé. Si alguien distorsiona la idea de que el momento económico es el único factor determinante, está transformando esa frase en una frase sin sentido, abstracta y absurda. La situación económica es la base, pero los distintos momentos de la superestructura —las formas políticas de la lucha de clases y sus resultados—, las constituciones establecidas por la clase victoriosa después de haber ganado la batalla, etc., las formas jurídicas y ahora también los reflejos de todas estas batallas reales en la mente de los involucrados, las teorías políticas, jurídicas, filosóficas, las concepciones religiosas y su ulterior desarrollo en sistemas dogmáticos también ejercen una influencia más amplia en el curso de las luchas históricas y, en muchos casos, determinan su forma predominante. Es una interacción de todos estos momentos en la que, en última instancia, se puede descuidar el número infinito de coincidencias (es decir, de cosas y acontecimientos cuya conexión interna entre sí es tan lejana o tan indemostrable que la consideramos inexistente), puede ignorarse como una necesidad económica. Prevalece el movimiento. De lo contrario, la aplicación de la teoría a cualquier período histórico sería más fácil que resolver una simple ecuación de primer grado». En *Der Sosialistische Akademiker (El Socialista Académico)*, 15 de octubre de 1895, pág. 351. Reimpreso en Woltmann, *Der Historische Materialismus (El materialismo histórico)*, 1900, pág. 239. Cf. también la opinión de Engels sobre la importancia de los elementos idealistas en una segunda carta de 1890, publicada en el *Leipziger Volkszeitung (Diario Popular de Leipzig)*, 1895, n.° 250 (reimpresa en Woltmann, pág. 243); y en otra carta de 1893, publicada en la segunda edición de *Geschichte der Deutschen Sozialdemokratie (Historia de la socialdemocracia alemana)*, de F. Mehring, 2ª parte, pág. 556.

explicar cada hecho de la historia sobre bases económicas no sólo es pedante, sino ridículo.[175]

Lo anterior porque las condiciones políticas y las tradiciones nacionales desempeñan un papel importante muy a menudo. Decir, por ejemplo, que Brandeburgo, entre todos los estados alemanes, debería haber sido seleccionado para convertirse en la gran potencia del futuro únicamente por motivos económicos es una tontería.

De igual manera, llegar a afirmar que cada pequeño principado alemán estaba destinado a vivir o morir sólo por razones económicas sería tan absurdo como atribuir la diferencia entre los distintos dialectos alemanes únicamente a causas económicas.

En consecuencia, vemos la doctrina del *materialismo histórico* en su forma más cruda repudiada incluso por sus fundadores; no obstante, de manera lamentable, es sabido que muchos *materialistas históricos,* por la misma exageración y vehemencia de sus

---

[175] «Difícilmente se podrá afirmar sin pedantería que, entre los muchos pequeños estados del norte de Alemania, Brandeburgo en particular estaba destinado a convertirse en una gran potencia por necesidad económica y no por otros factores (especialmente su implicación, debido a la posesión de Polonia por parte de Prusia y, por tanto, de las condiciones políticas internacionales, factores que también fueron decisivos en la formación de la potencia interior del Imperio de Oriente) (…) en el que se encarnaban las diferencias económicas, lingüísticas y religiosas (desde la Reforma) entre el norte y el sur. Difícilmente será posible explicar en términos económicos de manera sólida, sin caer en el ridículo, la existencia de cada pequeño estado alemán del pasado y del presente o el origen del cambio de sonido del alto alemán, que amplió la división geográfica formada por las montañas desde los Sudetes hasta el Taunus hasta convertirla en una división formal a través de Alemania. *Der Sozialistische Akademiker (El Académico Socialista), loc. cit.*

declaraciones, han desacreditado una doctrina que, en una forma sublimada, contiene un elemento tan grande de verdad y que tanto ha hecho por el progreso de la ciencia.

Capítulo V

Verdad o ficción de la teoría

¿Qué diremos entonces de la *doctrina de la interpretación económica?*

Es indudable que sus autores originalmente se manifestaron en exceso a favor de la doctrina, o al menos la formularon y la difundieron de manera que diera lugar a conceptos erróneos. Es igualmente seguro que algunos de sus defensores han ido demasiado lejos. Sobre todo, es cierto que la elección del término *materialismo histórico* es desafortunada.

La visión materialista de la historia, como la teoría utilitarista de la moral, ha tenido que sufrir más por su nombre que por su esencia. Lo uno tiene un tanto de sórdido como lo otro.

La *interpretación económica de la historia,* correctamente entendida, no pretende que todo fenómeno de la vida humana en general, o de la vida social en particular, deba explicarse sobre bases económicas. Pocos escritores atribuirían las diferentes manifestaciones del lenguaje o incluso del arte principalmente a las condiciones económicas; aún menos sostendrían que las diversas formas de ciencia pura tienen más que una conexión remota con las condiciones sociales en general.

El hombre es lo que es debido a la evolución mental, e incluso sus necesidades físicas se transforman y transmutan en gran medida en el crisol del razonamiento. Hay que tener en cuenta los hechos de la mentalidad.

Sin embargo, sería un error[176] suponer que la *teoría de la interpretación económica* puede dejarse de lado refutando la supuesta afirmación de que la vida económica es genéticamente anterior a la vida social o mental. La teoría no hace tal afirmación.

Toda la discusión sobre la precedencia en el tiempo de una supuesta causa sobre un efecto dado está completamente fuera de lugar. Llegados a este punto, se recuerda la vieja pregunta sobre *qué vino primero, el huevo o la gallina.* Por supuesto, ya no hay ninguna disputa entre los biólogos sobre la influencia del medio ambiente.

No obstante, cuando hablamos de la transformación de una especie determinada, no necesariamente queremos decir que el medio ambiente estuvo allí primero y que el organismo llegó después. Sin el medio ambiente no puede haber cambio, pero sin el organismo tampoco puede haber evolución. La adaptación del organismo al medio ambiente significa simplemente que entre las variaciones existentes se seleccionan aquellas que más conducen a la perpetuación de la especie. Si no existieran variaciones ni movimiento, no habría transformación. El hecho de que la variación haya existido antes de que se produjera el cambio en el

---

[176] Es de anotar, por ejemplo, que mi colega el profesor Giddings, en su interesante artículo «Las eras económicas», en *Political Science Quarterly (Revista Trimestral de Ciencia Política),* junio de 1901, expone casi el mismo argumento presentado por Salvadori en *La Scienza Economica e la Teoria dell'Evoluzione (La ciencia económica y la teoría de la evolución),* 1901, págs. 58 a 63.

medio ambiente no es una objeción a la teoría de la adaptación del organismo al medio ambiente. Aunque decimos que el organismo está determinado por el medio ambiente, resulta bastante indiferente cuál existió primero.

Lo mismo ocurre con la humanidad. Todo progreso humano es, en el fondo, progreso mental; todos los cambios deben pasar por la mente humana. Existe, pues, una base psicológica indudable para toda la evolución humana. A pesar de lo expuesto, la pregunta sigue siendo: ¿qué determina el pensamiento de la humanidad? Incluso si decimos que la respuesta debe buscarse en las condiciones sociales, la afirmación es independiente de la antecedencia genética del entorno social a la vida mental. Aunque es muy cierto que el núcleo de toda la doctrina de *Marx* se encuentra en la célebre frase:

> *No es la conciencia de la humanidad la que determina su existencia, sino, por el contrario, su existencia social la que determina su conciencia.*[177]

Por muy extrema que pueda ser esta afirmación en su aspecto puramente filosófico, no está expuesta a una crítica tan frecuentemente formulada; no implica necesariamente que la existencia social venga primero y la conciencia después.

---

[177] «No es la conciencia de las personas la que determina su ser, sino más bien su ser social el que determina su conciencia». Marx, *Zur Kritik der Politischen Oekonomie (Sobre la crítica de la economía política)*, prefacio, pág. 5. Toda la controversia de Hollitecher en *Das Historisches Gesetz (La ley histórica)*, 1901, págs. 93 y siguientes, pierde de vista el verdadero punto.

Por lo tanto, semejante implicación es tan injustificada como lo sería en la doctrina análoga de la biología. Cuando los biólogos nos dicen que el organismo está determinado por el medio ambiente, no formulan necesariamente ninguna hipótesis sobre la prioridad de uno sobre el otro. Toda la cuestión de la antecedencia genética carece de importancia.

Mucho más significativa resulta la crítica basada en la supuesta insuficiencia del factor económico para explicar los cambios en la vida social en general. No hay duda de que los defensores extremos del *materialismo histórico* se han expuesto a ser atacados por filósofos e historiadores por igual. A veces han parecido afirmar que toda sociología debe basarse exclusivamente en la economía y que toda la vida social no es más que un reflejo de la vida económica.[178]

Sin embargo, la anterior afirmación no puede ser tolerada, y tampoco la defienden los partidarios moderados de la teoría. Esta afirmación no puede aceptarse por la razón obvia de que la economía trata sólo de un tipo de relaciones sociales, y hay tantos tipos de relaciones sociales como clases de necesidades sociales existen: no sólo tenemos necesidades económicas, sino también necesidades morales, religiosas, jurídicas, políticas y muchos otros tipos de necesidades colectivas; no sólo tenemos necesidades colectivas, sino también necesidades individuales, como necesidades físicas, técnicas, estéticas, científicas y filosóficas.

---

[178] Entre estos extremistas hay que clasificar a Loria, quien expuso sus puntos de vista más claramente en su interesante obra *La sociología*. En esto busca distinguir una sociología económica de la sociología biológica o psicológica de otros escritores.

El término *utilidad,* del que se ha apropiado el economista, no le es en modo alguno exclusivo. Los objetos pueden tener no sólo una utilidad económica, sino también física, estética, científica, técnica, moral, religiosa, jurídica, política o filosófica. El valor que es la expresión de esta utilidad y que forma el tema de la economía es sólo una subdivisión de una clase mucho mayor. El mundo entero clasifica continuamente los objetos y las ideas según su valor estético, científico, técnico, moral, religioso, jurídico, político o filosófico, sin pensar en su valor económico. En la medida en que la utilidad y el valor son de carácter social, es decir, en la medida en que dependen de la relación entre un hombre y otro, forman el tema de la sociología.

La economía se ocupa solamente de un tipo de utilidades o valores sociales y, por lo tanto, no puede explicar todos los tipos de utilidades o valores sociales. Los hilos de la vida humana son múltiples y complejos.[179]

---

[179] Una interesante crítica del materialismo histórico desde este punto de vista y con especial referencia a la influencia de la economía en el derecho la hace Rudolf Stammler, profesor de Derecho en Halle, en su importante trabajo *Wirthsckaft und Rechtnach der Materialistischen Geschichtsauffassung (Economía y derecho según la visión materialista de la historia)*, 1896. Stammler es más justo con Marx que la mayoría de los oponentes de la teoría. Considera que el intento de Marx es, en muchos sentidos, muy notable y merecedor de grandes elogios; sin embargo, objeta la teoría por considerarla inacabada y no pensada en forma completa. No es que Stammler sostenga que no sea posible una explicación monista de la vida social. De hecho, su propia síntesis está construida sobre líneas teleológicas: una explicación que considera toda la vida social pasada a la luz de propósitos sociales o de un ideal social. Con especial referencia a la relación entre el derecho y la economía, define la vida social como «una actividad común regulada desde fuera» («ein äusserlich geregeltes Zusammenwirken») y sostiene que estas reglas externas gobiernan al mismo tiempo las relaciones jurídicas, políticas, económicas y otras relaciones sociales. No se muestra poco filosófico, por

En este aspecto, lo que es falso para el individuo puede no serlo para el grupo de individuos. Hemos superado la época en la que correspondía explicar la falacia que acechaba en la frase «*el hombre económico*». De hecho, existe una vida económica y una motivación económica: el motivo que lleva a todo ser humano a satisfacer sus necesidades con el menor desembolso de esfuerzo. Pero ya no es necesario demostrar que el individuo está impulsado por otros motivos, además del económico, y que la motivación económica en sí no es en todas partes igual de fuerte ni está igualmente libre de la mezcla de otras influencias.

Es evidente que un análisis completo de todas las motivaciones que influyen en los hombres, incluso en su vida económica, pondría a prueba las capacidades del psicólogo social. No existe un *hombre económico,* como tampoco existe un *hombre teológico.* El comerciante tiene vínculos familiares, del mismo modo que el clérigo tiene apetito.

La riqueza que constituye el objeto de la actividad mercantil sólo puede aumentarse mediante la multiplicación de las mercancías, pero esta multiplicación sólo puede tener lugar en conexión con una mayor demanda.

En consecuencia, una mayor demanda significa una diversificación de las necesidades. Las cosas deseadas por un individuo dependen en última instancia de su condición estética, intelectual

---

lo tanto, nos dice que es filosófico pretender que cualquier conjunto de relaciones sociales es la causa o explicación general de otras relaciones sociales. Todas ellas son producto común de una misma causa.

y moral. Por lo tanto, la vida económica está, en última instancia, ligada a toda la vida ética y social.

Más profundo de lo que a menudo se reconoce es el significado de la afirmación de *Ruskin* de que *«no hay más riqueza que la vida»* y de su afirmación adicional: *«Ninguna cosa noble puede ser riqueza, excepto para una persona noble»*. El objetivo de todo desarrollo económico es hacer que la riqueza sea abundante y que los hombres puedan utilizarla correctamente. Entonces, si la sociedad es una agregación de individuos, y si la historia es el registro de las actividades del grupo social y sus elementos constitutivos, entonces *la historia es el traje multicolor de la humanidad.*

En cierto sentido, hay tantos métodos de interpretar la historia como clases de actividades o necesidades humanas. No sólo hay una interpretación económica de la historia, sino también una interpretación ética, estética, política, jurídica, lingüística, religiosa y científica de la historia. Así, cada investigador puede considerar legítimamente los acontecimientos pasados desde su propio punto de vista particular. Sin embargo, si adoptamos una visión amplia del desarrollo humano, todavía hay cierta justificación para hablar de **la** *interpretación económica de la historia* como la más importante, en lugar de **una** *interpretación económica de la historia* entre otras explicaciones igualmente válidas. Las razones generales que llevan a la anterior conclusión pueden resumirse de la siguiente manera:

Hasta ahora, la vida humana no ha estado exenta de la inexorable ley de la naturaleza, con su lucha por la existencia a través de la selección natural. Esta lucha ha asumido tres (3) formas:

— Encontramos primero la lucha original de grupo contra grupo, que en los tiempos modernos se ha convertido en la lucha de pueblo contra pueblo, de nación contra nación.

— En segundo lugar, con la diferenciación de la población vino la rivalidad de clase con clase: primero, de la clase sacerdotal con la militar y la industrial; más tarde, del interés monetario con el interés terrateniente; más tarde, de la clase trabajadora con una o todas las clases capitalistas.

— En tercer lugar, encontramos dentro de cada clase la competencia de los individuos para lograr el dominio al interior de la respectiva clase.

Las anteriores tres (3) formas de conflicto se deben, en última instancia, a la presión de la vida sobre los medios de subsistencia. La competencia individual, la competencia de clase y la competencia para ascender son todas atribuibles a la mezquindad de la naturaleza, a la desigualdad de los dones humanos, a la diferencia en las oportunidades sociales.

De hecho, la civilización consiste en el intento de minimizar los males, conservando al mismo tiempo los beneficios de este conflicto hasta ahora inevitable entre los recursos materiales y los deseos humanos.

En consecuencia, mientras dure este conflicto, la explicación principal de la vida humana debe seguir siendo la explicación económica: la explicación del ajuste de los recursos materiales a los deseos humanos. Este ajuste puede ser modificado por fuerzas estéticas, religiosas y morales; en una palabra, por fuerzas intelectuales y espirituales; pero, en última instancia, sigue siendo una adaptación de la vida a los medios de la vida.

Cuando finalmente se alcance un ajuste económico más ideal, es decir, cuando la ciencia nos haya dado un dominio completo sobre los medios de producción, cuando el crecimiento de la población sea controlado por la actividad intencional del grupo social, cuando el progreso en el individuo y en la raza sea posible sin ningún conflicto, excepto el que busque fines altruistas, y cuando la masa del pueblo viva como lo hacen hoy sus miembros más nobles, entonces, de hecho, las condiciones económicas pasarán a un segundo plano y serán completamente eclipsadas por los demás factores sociales del progreso. Pero hasta que se alcance ese período, las condiciones económicas del grupo social y de la masa de individuos deben seguir manteniendo su predominio.

Desde el comienzo de la vida social hasta el presente, el ascenso, el progreso y la decadencia de las naciones se han debido en gran medida a cambios en las relaciones económicas, internas y externas, de los grupos sociales, aunque la facilidad con que la humanidad se ha aprovechado de este entorno económico ha sido producto de fuerzas intelectuales y morales.

Conviene precisar que, si bien es evidente que el estudio de los factores económicos por sí solo no bastará para permitirnos explicar todas las innumerables formas en que se ha revestido el espíritu humano desde el comienzo de la historia, no es menos cierto que mientras el cuerpo no esté en todas partes sometido por completo al alma, mientras la lucha por la riqueza no dé paso en todas partes a la lucha por la virtud, la estructura social y las relaciones fundamentales entre las clases sociales estarán moldeadas en gran medida por estas influencias dominantes, ya sea que las aprovechemos, las aprobemos o las deploremos, pero seguirán siendo una de las partes más importantes del contenido de la vida misma.

La actividad humana es en verdad la actividad de los seres sintientes y, por tanto, la historia de la humanidad es la historia del desarrollo mental, pero la vida humana depende de la relación entre el individuo y su entorno. En la lucha que hasta ahora ha tenido lugar entre individuos y grupos, en su deseo de aprovechar lo mejor de su entorno, las consideraciones primordiales han sido necesariamente de carácter económico.

En conclusión, la visión de la historia que pone énfasis en estas consideraciones primordiales es lo que hemos denominado la *interpretación económica de la historia*. Por supuesto, no son consideraciones exclusivas y, en casos particulares, la acción y reacción de las fuerzas sociales pueden dar la influencia decisiva a factores no económicos. Sin embargo, tomando al ser humano por lo que ha sido y sigue siendo hasta ahora, es difícil negar que la influencia subyacente en sus aspectos más amplios ha sido en general de este carácter económico.

La *interpretación económica de la historia,* en su formulación más adecuada, no agota las posibilidades de vida y progreso, no explica todas las sutilezas del desarrollo humano, pero enfatiza las fuerzas que hasta ahora han sido en gran medida instrumentales en el ascenso y la caída, en la prosperidad y la decadencia, en la gloria y el fracaso, en el bien y en el mal de los Estados y de los pueblos. Es una explicación relativa, más que absoluta.

En suma, la doctrina es una explicación que ha resultado sustancialmente cierta en el pasado, pero que se espera que deba tender a ser cada vez menos cierta en el futuro.

Capítulo VI

Estimación final de la teoría

Si preguntamos, en conclusión, qué importancia se le debe asignar a la *teoría de la interpretación económica*, la respuesta debemos considerarla desde dos puntos de vista diferentes.

Desde el punto de vista puramente filosófico, se reconoce que la teoría, especialmente en su forma extrema, ya no es sostenible como explicación universal de toda la vida humana. Ninguna interpretación monista de la humanidad es posible o, en todo caso, ninguna será posible hasta que el más difícil de todos los estudios, la sociología, logre finalmente elaborar las leyes de su existencia y reivindicar así su pretensión de ser una ciencia real.

De otro lado, como doctrina filosófica de validez universal, la teoría del *materialismo histórico* ya no puede defenderse con éxito. Pero en el sentido más estricto de la *interpretación económica de la historia,* es decir, en el sentido de que el factor económico ha sido de suma importancia en la historia y de que el factor histórico debe tenerse en cuenta en economía, la teoría ha sido, y sigue siendo, de considerable importancia. Ahora, *¿cuál es este significado para la economía, así como para la historia?*

En economía se ha dejado de lado la vieja controversia sobre los méritos respectivos de los métodos deductivo e inductivo. Ahora se reconoce que ambos métodos son legítimos e incluso necesarios. Ahora se considera que el antiguo antagonismo con la búsqueda de la ley natural en economía se debe a una confusión de pensamiento y a una identificación errónea de la ley natural con preceptos inmutables.

Cuando los tratadistas anteriores hablaron de la ley del libre comercio, o de la inexorable ley del *laissez faire,* no utilizaron el término *ley* en el sentido de ley científica, o de una declaración de las relaciones necesarias entre hechos. No obstante, este es el único sentido en el que el término se emplea adecuadamente. La eliminación de la antigua connotación teleológica ha dejado la concepción de la ley natural en economía tan inocente y valiosa como lo es en cualquier ciencia llamada pura.

Sin embargo, si bien la explicación de lo que realmente existe forma una parte indudable de toda ciencia, el estudio de cómo estas cosas han llegado a ser lo que son resulta quizás de mayor importancia en las disciplinas sociales que en todas las demás. La comprensión del hecho de que las instituciones sociales son productos de la evolución y, por tanto, forman categorías históricas relativas, en lugar de ser categorías absolutas, es la gran adquisición de la economía moderna, que la diferencia *toto cœlo (de aquí al cielo)* de la de épocas anteriores.

La aceptación del principio de crecimiento y de la relatividad histórica se debe a varias causas. La escuela histórica de jurisprudencia en Alemania, bajo *Savigny* y *Eichhorn,* hizo mucho para preparar las mentes de los hombres para la recepción de lo que ahora parece una verdad obvia en la ciencia jurídica. La escuela histórica de los economistas, bajo *Roscher, Hildebrand* y *Knies,* hizo más para familiarizar al público con la nueva concepción. La influencia de *Darwin* y la aplicación de métodos darwinianos a las ciencias sociales por parte de *Spencer* y *Wallace* contribuyeron aún más a reforzar la idea de crecimiento mediante las doctrinas de la evolución y la selección natural.

Los jurisconsultos, por su parte, se limitaron al derecho, mientras que los economistas históricos, al menos al principio, no se dieron cuenta de la conexión entre la vida económica y la vida social en general, y los darwinistas entraron en escena más tarde. *Comte,* en efecto, estuvo influido sin duda por *Saint-Simon,* quien había llamado la atención sobre la relación entre economía y sociología, pero su propio acervo de conocimientos económicos era extremadamente escaso. Mucho antes de que *Spencer* escribiera al respecto, para ese entonces *Karl Marx,* de una manera inimaginable para los economistas históricos y de una forma no reconocida por *Comte,* no sólo afirmó que toda institución económica era una categoría histórica, sino que señaló de una manera novedosa y fructífera la conexión entre los hechos económicos y sociales.

Por supuesto, siempre resulta arriesgado atribuir un cambio complejo de pensamiento a causas simples, y no hay duda de que la nueva corriente de pensamiento económico se apoya en diversas tendencias de influencia, pero lo que sí es seguro predecir es que cuando un historiador futuro de la economía o de las ciencias sociales aborde la gran transición de los últimos años, se verá obligado a asignarle a *Karl Marx* un lugar mucho más destacado de lo que hasta ahora ha sido común fuera de los estrechos círculos de los propios socialistas.

En la teoría económica pura, la obra de *Karl Marx,* aunque brillante y sutil, probablemente sobrevivirá sólo por su carácter crítico, pero en el método económico y en la filosofía social, *Marx* será recordado durante mucho tiempo como uno de esos grandes pioneros que, incluso si no son capaces de alcanzar por sí mismos el objetivo, abren un camino nuevo y prometedor en el desierto del pensamiento y del progreso humano. La *interpretación económica de la historia,* al enfatizar la base histórica de las instituciones económicas, ha hecho mucho por la economía.

Por otro lado, y es lo que se destaca aquí, ha hecho aún más por la historia. Nos ha enseñado a buscar debajo de la superficie. La teoría de la historia de los grandes hombres, que alguna vez prevaleció tanto, simplificó el problema hasta tal punto que la historia corría el peligro de convertirse en un mero catálogo de fechas y acontecimientos. De hecho, la investigación de las relaciones políticas y diplomáticas amplió un poco la disciplina y durante mucho tiempo ocupó las energías de los escritores más destacados. El siguiente paso se dio cuando, bajo la influencia de la escuela de jurisprudencia histórica, se prestó más atención a las relaciones del derecho público y cuando se demostró que el progreso político descansaba en gran medida sobre la base de la historia constitucional. El estudio del desarrollo de las instituciones políticas reemplazó gradualmente al del mero registro de los acontecimientos políticos. Por legítimo e indispensable que fuera este paso, no fue lo suficientemente lejos. Aquellos escritores, aún tan numerosos, que entienden por historia principalmente la historia constitucional, muestran que sólo comprenden a medias la condición y el espíritu de la ciencia histórica moderna.

El nuevo espíritu de la historia enfatiza no tanto el aspecto constitucional, sino el institucional, del desarrollo y entiende por instituciones no sólo las instituciones políticas, sino las instituciones sociales más amplias, de las cuales la forma política es sólo una manifestación. Ahora se hace hincapié en el crecimiento social, y la vida nacional e internacional se reconoce cada vez más como resultado del juego y la interacción de fuerzas sociales. Por esta razón, la historia es hoy en día mucho más fascinante e inmensamente más complicada que antes. La historia ahora busca medir la influencia de factores, algunos de los cuales resultan extremadamente esquivos. Intenta introducir en el pasado las líneas generales de una ciencia social cuyos principios mismos aún no han sido elaborados de manera adecuada y permanente.

Por lo todo lo expuesto, cualesquiera que sean las dificultades de la tarea, el nuevo ideal se reconoce cada vez más claramente. En la formulación de este nuevo ideal, la *teoría de la interpretación económica* ha desempeñado un papel importante, aunque no siempre un rol conscientemente reconocido.

No se trata de que el historiador del futuro deba ser simplemente un historiador económico, ya que la vida económica no constituye la totalidad de la vida social, pero lo que sí es cierto es que la *teoría de la interpretación económica,* en gran medida, ha sido responsable de que las mentes de los hombres puedan centrarse en la consideración del factor social en la historia. *Karl Marx* y sus seguidores primero enfatizaron de manera brillante y sorprendente la relación existente entre ciertos hechos legales, políticos y constitucionales con los cambios económicos, y seguidamente intentaron presentar una concepción unitaria de la historia. Aunque se pueda admitir que esta concepción unitaria es prematura, e incluso si como parece prácticamente seguro que la propia versión de *Carlos Marx* resulte exagerada, apenas cabe duda de que a través de ella se transmitieron en buena medida las ideas de los historiadores dirigidas a algunos de los factores trascendentales del progreso humano que hasta entonces habían escapado a su atención.

Considerada desde ese punto de vista, la *teoría de la interpretación económica de la historia* adquiere una importancia cada vez mayor. Estemos o no dispuestos a aceptarla como una explicación adecuada del progreso humano en general, todos debemos reconocer la influencia benéfica que ha ejercido al estimular el pensamiento de los académicos y ampliar los conceptos e ideales de la historia y la economía por igual.

Aunque no sea por otra razón, merecerá el reconocimiento de los futuros investigadores y ocupará un lugar de honor en el registro del desarrollo mental y el progreso científico de la humanidad.

Sobre el autor

Edwin Robert Anderson Seligman (Nueva York, 1861-Lake Placid, 1939) Economista estadounidense experto en finanzas públicas. Sus trabajos más influyentes trataron sobre la tributación y su papel en el funcionamiento económico. Hijo de un banquero neoyorquino, estudió en la Universidad de Columbia, donde se licenció en 1879 y donde obtuvo el doctorado en 1885. Tras completar su formación en Alemania y Francia, regresó a Columbia como profesor de Economía Política y en este centro permaneció hasta 1931.

Fue miembro fundador y presidente en el período 1902-1904 de la Asociación Americana de Economía y de la Asociación Americana de Profesores Universitarios (1919-1920), lo que le convirtió en una de las figuras más representativas del mundo académico norteamericano. Durante su larga carrera profesional formó parte de numerosas comisiones de impuestos del Estado de Nueva York, fundó y editó la revista trimestral *Political Science Quarterly*, realizó un célebre estudio sobre las leyes tributarias de Cuba (1931) y reunió una considerable biblioteca personal que donó a la Universidad de Columbia.

Sus principales aportaciones teóricas se centraron en el análisis de los sistemas tributarios progresivos y los efectos de la carga impositiva sobre la producción, pero también fue importante su contribución a la historia del pensamiento económico, a la interpretación económica de la historia, mediante su obra *The Economic Interpretation of History* (1902, reeditada en 1934 y 1961) y a la divulgación del estudio de la economía en general.

En sus últimos años fue editor jefe, junto con Alvin Saunders Johnson, de la *Encyclopedia of the Social Sciences,* obra en quince volúmenes comenzada en 1927, aunque publicada entre 1930 y 1935. Entre sus obras destacaron *The shifting and incidence of taxation* (1892), *Progressive taxation in theory and practice* (1894, revisada en 1908), *Essays in taxation* (1895), *Principles of Economics* (1905, revisada en 1929), *The income tax: a study of the History, Theory and practice of income taxation at home and abroad* (1911), *Studies in Public Finance* (1925), *Essays in Economics* (1925) y *The economics of farm relief* (1929).[180]

---

[180] Fernández, Tomás y Tamaro, Elena, «Biografía de Edwin Robert Anderson Seligman», en Biografías y Vidas. La enciclopedia biográfica en línea [Internet]. Barcelona (España), 2004.
Disponible en https://www.biografiasyvidas.com/biografia/s/seligman.htm
Foto: www.prabook.com (fecha de acceso: 9 de agosto de 2023).

Sobre el traductor

Rubén Vasco Martínez. Magíster en Derecho Tributario (Universidad Externado de Colombia), abogado (U. La Gran Colombia, Seccional Armenia), contador público y especialista en Ciencias Tributarias (U. del Quindío), especialista en Alta Gerencia (U. Industrial de Santander), educación continuada en Derecho Tributario (U. de los Andes), especialista en Derecho Administrativo y Constitucional de la Fundación Universitaria del Área Andina-Seccional Pereira, especialista en Derecho Contencioso Administrativo y especialista en Derecho Tributario Internacional, estas últimas en la Universidad Externado de Colombia.

Estudios complementarios en el extranjero: Curso Intensivo de Derecho Tributario Internacional, 12°-CIDTI, Universidad Austral de Buenos Aires, Argentina (2012); V Curso de Experto

Fiscal, Universidad Santiago de Compostela, España (2011); Seminario International Tax Update USA-Canadá-México, San Diego, California, Estados Unidos (2010); y Curso Internacional de Ingresos Públicos, Lima, Perú (1988).

Exfuncionario de la DIAN en Manizales, Caldas, como directivo (E) de la Administración Tributaria y jefe de la División de Comercio Exterior; en Cartago, Valle del Cauca, como administrador de aduanas; y en Pereira, Risaralda, como jefe de las divisiones de Fiscalización, Liquidación y Planeación. También laboró en la Dirección de Apoyo Fiscal (DAF) del Ministerio de Hacienda y Crédito Público, la Contraloría General de la República, en la rama judicial y a cargo de dependencias técnicas de control fiscal municipal y departamental en el Quindío.

Docente de tiempo completo en la Universidad del Quindío entre 1998 y 2014, y desde hace veinticinco años docente catedrático en maestrías y especializaciones en varias universidades, entre ellas Univalle, U. de Caldas, U. Autónoma de Bucaramanga (UNAB), U. de Manizales, U. del Cauca, U. de la Amazonia (Florencia), U. Autónoma de Colombia (Bogotá), U. Surcolombiana en Neiva y Garzón (Huila), U. La Gran Colombia (Armenia), U. del Quindío, U. Libre de Colombia (en Pereira, Cúcuta, Cartagena y Cali), U. Cooperativa de Montería, U. Central de Bogotá D. C., U. Externado de Colombia (convenio con U. de Cartagena), Corporación Universitaria Unicomfacauca (Popayán), Corporación Universitaria de Sucre, Unitecnar (Montería, Barranquilla y Cartagena), U. Militar Nueva Granada de Bogotá en convenio con la Cancillería de Colombia y la Contraloría

Departamental de Cundinamarca, Fundación Universitaria Luis Amigó (Medellín) y EAFIT, también de Medellín.

Conferencista de CIJUF (www.cijuf.org) durante veinticinco (25) años (2000 a 2024).

Actualmente dedicado a la docencia en especializaciones y maestrías, asesoría y consultoría, además de las actividades como conferencista y escritor, con más de treinta y cinco obras escritas a nivel nacional en asuntos tributarios y aduaneros, así como seis obras traducidas del francés y del inglés sobre estos temas.

Correo: docenterubenvasco@gmail.com

Libros publicados y obras traducidas por Rubén Vasco Martínez (2000-2024)

1. Sobre tributación de las personas naturales

Rentas cedulares para personas naturales y tributación de residentes en el exterior. En tres (3) ediciones, así: ISBN: 978- 958-56895-9-6 con 349 págs. Enero de 2020. ISBN: 978- 958-56895-1-0 con 260 págs. Enero de 2019 y según ISBN: 978- 958-58680-6-1 con 220 págs. Enero de 2018. *La tributación de las personas naturales 2015.* ISBN: 978-958-58683-3-5 con 420 págs. 30 de diciembre de 2014. *Tributación de las personas naturales. Renta: aspectos prácticos.* ISBN: 978-958-8081-99-1 con 345 págs. 30 de diciembre de 2013. *Impuesto sobre la Renta para Personas Naturales 2012.* ISBN: 978-958-8081-87-8 con 290 págs. Diciembre de 2011. *Impuesto sobre la Renta para Personas Naturales y Sucesiones Ilíquidas.* ISBN: 958-8081-52-1 con 210 págs. Enero de 2006. Obras publicadas por Editorial Centro Interamericano Jurídico Financiero CIJUF, con sede en Medellín Antioquia, en Colombia.

2. Sobre procedimiento tributario

Temas de procedimiento tributario. ISBN: 978-958-58680-9-2 con 235 págs. Enero de 2018. *Procedimiento tributario nacional: aspec-*

tos prácticos. ISBN: 978-958-8081-98-4 con 364 págs. Diciembre de 2013. *Procedimiento tributario 2011.* ISBN: 978-958-8081-81-6 con 320 págs. Diciembre de 2010. *Procedimiento tributario 2009. Aspectos prácticos, donaciones y sucesiones ilíquidas.* ISBN: 978-958-8081-70-0 con 317 págs. Enero de 2009. *Procedimiento tributario 2008.* ISBN: 978-958-8081-64-9 con 294 págs. Enero de 2008. *Pruebas en el procedimiento tributario.* ISBN: 958-8081-53-X con 192 págs. Enero de 2006. *Procedimiento tributario. Casos prácticos.* ISBN: 958-8081-41-6 con 216 págs. Enero de 2004.

3. Relativas al impuesto sobre la renta

Impuesto sobre la Renta-Reforma tributaria 2016. ISBN: 978-958-56080-4-7 con 302 págs. Enero de 2017. *Minoraciones estructurales y beneficios tributarios.* ISBN: 978-95858683-7-3 con 412 págs. Diciembre de 2015. *Costos y deducciones fiscales.* ISBN: 978-958-8081-80-9 con 210 págs. Diciembre de 2010. *Deducciones y compensaciones fiscales.* ISBN: 978-958-8081-74-8 con 197 págs. Enero de 2010 (todas estas de la Editorial CIJUF de Medellín Antioquia, Colombia; y la obra *Impuesto sobre la Renta en el estatuto tributario comentado.* Editorial Actualícese.com (www.actualicese.com). ISBN: 958-33-3317-4 (en CD). Cali, Valle del Cauca, Colombia. Abril de 2002.

3. Sobre el Impuesto al Valor Agregado (IVA)

IVA e Impuesto al Consumo. ISBN: 978-958-56080-3-0 con 180 págs. Enero de 2017. *El Impuesto al Valor Agregado IVA e*

Impuesto Nacional al Consumo 2013. ISBN: 978-958-8081-93-9 con 380 págs. Diciembre de 2012. *Impuesto sobre las Ventas- Contabilización.* ISBN: 958-8081-54-8 con 500 págs. Enero de 2006. *IVA-Contabilización. Casos prácticos.* ISBN: 958-8081-48-3 con 130 págs. Enero de 2005. Obras que fueron publicadas por Editorial CIJUF de Medellín Antioquia, Colombia.

4. Sobre reformas tributarias

Reforma tributaria 2012. Interpretación y aplicación. Editorial Temis. ISBN: 978-95835-0936-0 con 426 págs. Bogotá D. C., Colombia. Enero de 2013. *Reforma tributaria 2003. Comentada.* Editorial CIJUF. ISBN: 958-8081-40-8 con 190 págs. Enero de 2004.

5. En general sobre el derecho tributario y aduanero

Elementos básicos del derecho tributario internacional 2012. Editorial CIJUF. ISBN: 978-958-8081-88-5 con 277 págs. Diciembre de 2011. Medellín Antioquia. *Manual de impuestos nacionales: teoría y práctica.* Ediciones Gustavo Ibáñez Ltda. ISBN: 978-958-8381-90-9 con 345 págs. Bogotá D. C. Julio de 2009. *Obligaciones tributarias 2002* (en CD). Editorial Actualícese.com (www.actualicese.com). Cali, Valle del Cauca, Colombia. Abril de 2002. *Guía de impuestos nacionales.* Año 2000, con 92 págs. Publicación de la Universidad del Quindío, Cámara de Comercio de Armenia y Administración Tributaria DIAN. Seccional de Armenia Quindío, Colombia. Abril de 2000.

6. Obras en coautoría

La escisión: estrategia de gestión fiscal y empresarial. Ediciones Jurídicas Gustavo Ibáñez Ltda. ISBN: 978-958-8381-61-9 con 131 págs. Bogotá D. C. Diciembre de 2008. *Reforma tributaria 2006 y otras novedades, análisis y comentarios.* Editorial Universitaria de Colombia. ISBN: 978-958-98002-2-5 con 205 págs. Armenia, Quindío, Colombia. Diciembre de 2006. *Procedimiento tributario.* ISBN: 958-8081-33-5. Editorial CIJUF con 633 págs. Enero de 2003. *El sistema aduanero en Colombia.* Ediciones Jurídicas Gustavo Ibáñez Ltda. ISBN: 958-8192-39-0 con 580 págs. Bogotá D. C. Enero de 2003. *Addenda reforma tributaria 2002 Comentada.* Editorial CIJUF. ISBN: 958-8081-32-7 con 216 págs. Enero de 2003. *Elementos básicos de la tributación en Colombia.* Editorial CIJUF. ISBN: 958-8081-12-0 con 688 págs. Enero de 2000. *Elementos básicos de la tributación en Colombia. 2ª edición (con reforma tributaria del año 2000).* Editorial CIJUF. ISBN: 958-8081-12-0 con 688 págs. Enero de 2001. *Ley Quimbaya. Beneficios tributarios para el Eje Cafetero.* ISBN: 958-8081-13-0 con 139 págs. Agosto de 2000. Editorial CIJUF de Medellín Antioquia, Colombia.

7. Traducciones recientes

– Obras traducidas del idioma francés

Memorias de un inspector de impuestos (Francia) 1952-1998. (De Rivoli à Bercy. Souvenirs d'un inspecteur des finances 1952-

1998). Autor: Guy Delorme. Ediciones Comité para la Historia Económica y Financiera de Francia, con 392 páginas. ISBN: 978-2-11-090943-5. París, Francia, año 2000. Armenia Quindío, Colombia. Enero de 2023 (traducción solamente con fines académicos).

El IVA: invención francesa, revolución mundial. La aventura de Maurice Lauré. (La TVA. Invention Française Révolution Mondiale. L'Aventure de Maurice Lauré). Autor: Denys Brunel. Edit. Eyrolles, con 145 páginas. París, Francia, 2012. Armenia Quindío, Junio de 2023 (traducción solamente con fines académicos).

— **Obras traducidas del idioma inglés**

The income tax: a study of the History, Theory, and practice of income taxation at home and abroad. Autor: Edwin Robert Anderson Seligman. Universidad de Columbia, Nueva York, 1911. *(Historia del Impuesto sobre la Renta: evolución teórica y práctica).* ISBN: 978-84-10076-14-3 con 937 págs. Editorial ExLibric, Andalucía, España, 2023.

How to finance the war (Cómo financiar la Primera Guerra Mundial). Columbia War Papers. Autor: Edwin Robert Anderson Seligman. Universidad de Columbia. Nueva York, 1917. Traducido por Rubén Vasco Martínez. Armenia Quindío, Colombia. Enero de 2022. Consultar su texto en https://www.academia.edu/49443120

Progressive Taxation in Theory and Practice (Tributación progresiva: teoría y práctica). Autor: Edwin Robert Anderson Seligman. Universidad de Columbia, Nueva York, 1908. ISBN: 978-84-19827-80-7 con 390 págs. Editorial ExLibric, Andalucía, España, 2023.